女に生まれたら、コレを読め
○《マル》活必勝法

勝間和代
Kazuyo Katsuma

扶桑社

はじめに

私は「活」という字が大好きです。

活動、活発、活力、活用、活躍、活気、活路、活き活き……。

「活」のつくことばは、どれも動きがあり、元気があります。前に進もう、壁を乗り越えようという意志を感じます。

漢和辞典をみると「活」という字は、水が勢いよく流れる様子を表したものです。そこから転じて、活き活きと生きることを表しているのです。

活き活き生きること、そのために自分の頭で考え、自分のからだを動かすこと。

それが「活」です。


ところが私たちは、しばしば「活」をおこたります。

「うまくいっていない、何かやらないといけない」とわかっていても、自分の頭でしっかり考えず、からだを動かさないことがあります。そんな状態のまま、ただ時間だけが過ぎていきます。ときには、何カ月も、何年も、そのままです。

あまりにもったいないことです。

たとえば、あなたがいまの仕事に不満があったとしたら、その不満を取り除けるのは、あなたしかいません。心のなかにぐずぐずと不満をかかえているだけでは、何も変わりません。

このとき、もっとも根本的な解決策は転職です。それには準備が必要ですから、時間がかかることもあります。すぐには踏み出せない人もいるでしょう。

しかし、転職はいますぐできなくても、ほかにやれることはたくさんあります。たとえば、いまの職場でコミュニケーションの方法を変えてみることです。あいさつの仕方を変える、話し方を工夫する、髪型やメイクを変える。それによって、周囲のあなたをみる目がいい方向に変われば、仕事にもいい影響が出てきます。そうなれば、あなた自身の仕事のとらえ方も変わります。転職だけが解決策ではなくなるはずです。

必要なのは、からだを動かすことです。何か行動を起こせば、みえてくるものが必ずあります。それが、もっと根本的な解決につながっていくのです。

この考え方をモデル化したものに、**「PDCAサイクル」**があります。もともとは品質管理の手法ですが、私たちの人生戦略にも大いに参考になる考え方です。「PDCA」とは、このサイクルをつくる4段階の頭文字です。

1 Plan（計画）
2 Do（実行）
3 Check（評価）
4 Action（改善）

まず「計画（P）」を立て、それを「実行（D）」します。次に、その結果を「評価（C）」します。この評価をもとに「改善（A）」を加え、再び行動に移します。

この4段階が終わったら、次のPDCAサイクルにつなげます。2度目のサイクルの「P」には、前回の結果を反映させられるので、その中身は必ずよくなります。

こうして、らせんを描くようにPDCAサイクルを繰り返していくことを**「スパイラルアップ」**と呼びます。スパイラル（らせん）に乗って、業績をアップさせるということです。

ここで大切なのは、「計画」を「実行」してみて、その結果を「評価」し、よりよい行動につなげるという流れです。

日本政府の戦略には、この4段階のバランスが欠けています。「評価」がありません。評価をすると計画がまちがっていたことがわかって、面倒なことになるためです。だから、いまの日本は失敗から学べずにいます。

私たちの人生は、それではいけません。しかし、まわりを見まわすと、「P」から先に進めない人がたくさんいることに気づきます。「D」までは行っても、「C」をしない人もたくさんいます。

PDCAサイクルの4段階は、同じバランスで進めなくてはいけません。ただやみくもに行動すればいいというわけでもありません。正しい情報を手に入れて、「計画」することも、とても大切です。

「計画」の大切さをあらためて強調したのには、理由があります。**「活」ということばが、このところ安易に使われすぎて、行動だけを示すものになっているためです。**「婚活」や「就活」といったことばの使われ方からは、結婚のため、就職のための「活」で本当にやるべきことが、こぼれ落ちてしまっています。

たとえば、「婚活」のために合コンに20回出ても、まったく出会いにつながっていない男性がいるとします。ふつうに使われている「婚活」の意味なら、次にやるべきことは「もっと場数を踏め、21回めもがんばろう」ということになるでしょう。

しかし、20回やってうまくいかなかったのには、何か原因があるはずです。この男性は、そこをしっかり考えたのでしょうか。

考えていないとしたら、この男性はＰＤＣＡサイクルの「Ｃ」をやっていないことになります。そもそも、「Ｐ」も欠けていたのかもしれません。

「婚活」とは、ただ合コンに行くことではありません。同じように「就活」とは、エントリーシートを上手に書くことだけではありません。

「活」を始める前には、「Ｐ」が必要です。情報を集め、考え方の枠組みをつくり、それぞれの「活」で本当にやるべきことを押さえなくてはいけません。

この本では、私たちの人生を取り巻くさまざまな事象を、10の「○《マル》活」ということばでくくり、それぞれの「活」に本当に必要なことを考えていきます。

「婚活」や「就活」だけではありません。政治や経済も、美容や出産も、コミュニケーションも住まいも、そして日本という国も、すべて私たちの「○活」の対象です。

各章には、「○活」を始めるときに役に立つ考え方の「フック」を、できるだけたくさん盛り込みます。

頭のなかにフックをつくっておくことは、とても重要です。フックがあると、行動を始めて、新しいことをみたり聞いたりしたときに、頭のなかでカチッと音がしたような気持ちになることがあります。

これは、新しい情報がフックにはまった音です。この音がすると、いままで常識と信じて疑わなかったことが、ちがう角度からみえてきます。そうなれば、しめたものです。それは、あなたのPDCAサイクルがまわり始めた証拠です。

『女に生まれたら、コレを読め』というタイトルは、とくに若い女性読者に読んでほしいという願いを込めてつけました。10の「○活」の考え方を、女性に、それも若いうちに知ってほしいのです。

なぜなら、いまの日本で、女性は「二流市民」だからです。

「日本活」の章で詳しく触れますが、日本の女性はさまざまな面で、まだまだ差別されています。その一方で、多くの女性が男性に「守られたい」と思っています。「守られたい」と思うなら、平等になることはあきらめなくてはいけません。自分の人生をコントロールする権利も放棄していることになります。日本の女性で自分の人生をしっかりつかみ取れる人は、残念ながら、まだそれほど多くありません。

しかも、私たちの生きている資本主義社会は、ひとことで言えば「賢い人にお金が流れる仕組み」です。ただでさえ差別を受けている女性は、搾取される側になって、損をするおそれがあります。

だからこそ、女性には「○活」が必要なのです。情報を集め、計画を立て、まず動いてみる。失敗したら修正を加えて、もう1度行動してみる。そのサイクルを若いうちに身につけ、人生をスパイラルアップさせてほしいのです。


行動するときに、失敗を怖がる人がいます。失敗を恐れると、足が止まり、何もできなくなります。これも非常にもったいないことです。

脳科学者の池谷裕二さんがおっしゃっていたことですが、**人間の脳は「失敗による消去法」でしか学べません。**人間は誰でも、うまくいく方法を最初からは知りません。何度もトライするうちに、失敗した方法が脳から消去されていき、最後に残るのが成功につながる方法なのです。私たちの脳は、「人間は失敗する」ということを前提につくられているわけです。

だから、失敗をもっと楽しみましょう。トライして、失敗をすればするだけ、成功は近づいているのです。

最後にお願いです。この本は、あくまで頭のなかにフックをつくるためのものです。PDCAサイクルの「P」の部分を補強するものだと考えてください。**ですから、けっして読みっぱなしにしないでほしいのです。**

この本を読んで、実際に「活」を始めないと、なんにもなりません。「P」のあとの「D」「C」「A」は、あなた自身がやらなくては意味がありません。

でも行動を起こしてみたら、「あの本で勝間は、このことを言っていたんだな」という気づきがあるはずです。頭のなかにできたフックに、いままでなら見すごしていた情報がはまった証拠です。

そのとき、カチッと音がします。

それは、あなたの人生が一歩前に進んだ音です。

女に生まれたら、コレを読め　～○活必勝法～

目次

Chapter 1

人活

Chapter 2

美活

Chapter 3

就活

Chapter 4

恋活

Chapter 5

婚活

Chapter 6 産活

Chapter 7 住活

Chapter 8

エコ活

Chapter 9

財活

Chapter 10

日本活

人活

Chapter 1

もう迷わない、コミュニケーションの最強3原則

まわりの人と、どうしたらうまくコミュニケーションできるのか。

これは私たちにとって、永遠のテーマです。もしコミュニケーションに悩まないという人がいたとしたら、それはその道の天才か、自分のコミュニケーションが下手なことに気づいていないかのどちらかでしょう。

私たちの生活は、他人とのコミュニケーションの絶え間ない連続です。この本で扱う「就活」「恋活」「婚活」などにも、もちろんコミュニケーションが大きくものをいいます。

私たちの生活にとても大切なこのスキルについて、誰もがなにかしら悩んでいます。だからこそ、世の中にはコミュニケーションを指南するさまざまな職業があり、書店にはコミュニケーションについて書かれた本があふれています。

そこでは、さまざまなことが語られます。あまりに語られることが多すぎるので、どれを信じていいかわからなくなったり、いいことを教えてもらっても「本当だろう

か」と、眉につばしてしまうことがあるでしょう。

この章では、コミュニケーションに本当に大切なことだけを、簡潔にまとめてお話ししたいと思います。いわば「勝間式コミュニケーションの極意」です。

ただし、「コミュニケーション」ということばだと意味が広すぎて、ポイントが拡散してしまうおそれがあります。そこで、この章ではコミュニケーションを「対人関係の活動」ととらえます。

略して「人活」です。コミュニケーションとは、なにより「人にはたらきかける活動」にほかなりません。

まず、「人活」の3原則を紹介します。次に、その3原則を自分のものにするためのポイントをお話しします。

【原則1】「人活」は「98%の運」を高めるもの

私たちの生活のなかで、自分がコントロールできること、自分の実力でできることは、せいぜい2%ではないかと思います。

残りの98%は、いうなれば「運」です。

Chapter 1

人活

「人活」は「運」を高める

運とはなんでしょうか。

私は、人とのコミュニケーションからもたらされるものを、すべて運と呼ぶのではないかと考えています。

自分にやれることが2%しかないとしても、その2%の部分をきちんと誠実にこなしていれば、残りの98%を占める他人とのコミュニケーションに、必ずいい影響が出てきます。そうすると、まわりの人たちが自然と助けてくれるようになります。

そこから、運がめぐってきます。

運がいい人は、まわりが助けてくれる人です。逆に、運が悪い人というのは、まわりが足を引っぱりたくなる人です。

その2つを分けるのが、まさに「人活」です。

そう考えると、「人活」で必要なのは、**「正直なコミュニケーション」**ということになります。ただ話し上手になることではなく、誠実で自然なコミュニケーションを心がけることが大切になってきます。

正直でない人の発する情報は、「どこまで本当なのだろう？」と、いちいち確認しなくてはいけません。それには、時間もコストもかかります。面倒ですし、とても疲れます。

当然ながら、まわりはその人を助けたいとは思わなくなります。

マーケティングにも、**「アドボカシー・マーケティング」**という手法があります。顧客と信頼関係を築くことを最大の目的として、徹底的に顧客の視線で接するというものです。

場合によっては、他社製品と比較したうえで、ある部分では自社が負けていると認めることもあります。顧客に有益な情報をすべて与え、そのうえで選んでもらうという手法です。

これを「正直なマーケティング」と呼んでもいいでしょう。アドボカシー・マーケティングでは、自社製品の実力を、いたずらに高くみせません。2%の実力を、2・2%にみせようとしないのです。大切なのは、残りの98%の部分にある顧客との信頼関係だという考え方です。

社会を見わたしてみると、いろんなことが「正直」なものを求める方向に進んできています。たとえばアイドルの特徴は、しばらく前とは大きく変わりました。

むかしのアイドルは、いわば虚像でした。ひたすらかわいくて、カッコよくて、トイレに行くところなど想像できないような存在でした。

いまのアイドルは、実像をみせます。むしろ、素の自分をみせないと、生き残れない時代になっています。

歌うだけでなく、コントもやる。超イケメンで、カッコいいバラードを歌っていても、ラジオの深夜放送では下ネタ満載のトークをする。そんな「正直」なアイドルのほうが、人気者になっています。

いまは情報量が圧倒的に増えたうえ、情報格差がなくなりました。しかも、情報はほとんどただです。そのなかで虚像をつくり上げても、すぐにばれてしまいますし、なによりおもしろくないのです。

いま大人気の女性アイドルグループ、AKB48などは「正直なマーケティング」が大成功した例でしょう。なにしろコンセプトが**「会いにいけるアイドル」**なのです。

ＡＫＢ48は秋葉原のドン・キホーテの8階に専用劇場を設け、ほぼ毎日公演を行っています。劇場の定員は２５０人で、最前列の客席とステージの距離はわずか2メートルです。まさに、手を伸ばせば届きそうな距離です。

メンバーのなかには、腕がぷにっと太い子がいたりします。素人っぽさや親近感を前面に押し出し、女の子たちが成長するありのままの過程をファンにみてもらうプロジェクトになっています。

言うまでもありませんが、ＡＫＢ48は、その方向性を綿密にねらったビジネスです。しかし、そこには「人活」にとって大きなヒントがあります。実力以外の98％を占める部分を活用するために、あえて「正直」な「素」のコミュニケーションを打ち出していることです。

近所に住んでいるような女の子の成長過程をみせられたら、ファンが応援したくならないはずがありません。

【原則2】「人活」は、相手の理解だけでなく、行動をうながす

コミュニケーションとは、相手があってはじめて生まれるものです。私たちは、相

「人活」は相手の行動をうながす

手に何かを伝えたいから、相手に行動を起こしてもらいたいから、コミュニケーションをとっているはずです。

　ですから、「人活」の基本は、あくまで「相手中心」であることです。

　当たり前の話に聞こえるかもしれません。でも、私たち自身を振り返り、まわりの人たちを観察してみると、「自分中心」のコミュニケーションが多いことに気づきます。**相手にことばが伝わらなければ、それはコミュニケーションではなく、自己満足の独りごとでしかありません。**

　私も「相手中心」の原則が身につくまで、とても時間がかかりました。20代前半の頃には、まわりの人たちから「言っていることがわからない」「はしょりすぎ」「早口だ」などと、さんざん注意されたものです。

最近はいくらかよくなってきたと思いますが、それでも不十分だと自覚しています。とくに疲れているときや、つい話題に熱くなってしまうと、コミュニケーションが自分中心になり、あとで反省することがあります。

自分がやろうとしているのはコミュニケーションではなく、まわりの人にはたらきかける「人活」なのだと考えると、自分中心の視点をはじめから排除することができるでしょう。

多くの場合、コミュニケーションの目的は、相手になんらかの行動をとってもらうことです。私たちの日常には、「結果」をともなわないと価値をもたないコミュニケーションが、たくさんあります。

なかなかうまくはいきません。相手はあなたのコミュニケーションによって、「へえ」とか「ほう」とか感心したり納得したりしても、実際には行動をとらないことも多いでしょう。これは「結果」が出ていないのです。

相手が「わかった」というだけではだめなのです。「わかった、そうしよう」と思ってもらわなくてはいけません。

私の文章は「しつこい」と言われることがあります。同じことを繰り返しすぎる、

「もうわかったよ」と言いたくなる、と。でもこれは、読んでもらった人に行動を起こしてもらいたいから、あえてそうしている部分もあるのです。

「しつこい」と思われても、相手が行動を起こしてくれたら、それは効果があったということです。私の文章を「しつこい」と思っても、「そんなことやるもんか」と反発するほどではなかったということになります。

とにかく最優先させるべきなのは、「結果」を出すことです。

【原則3】ことば以外の要素も、すべて「人活」

コミュニケーションのなかで、ことばが大きな要素を占めることは言うまでもありません。

しかし、私たちはどんな相手にも、ことば以外の情報をたくさん送っています。声の感じ、服装、アイコンタクトなど、非言語的な要素もすべて「人活」に大きくものをいいます。

「メラビアンの法則」をご存じの方もいることでしょう。アメリカの心理学者アルバート・メラビアンが提唱したもので、人と人がじかにコミュニケーションをとるときには、以下の3つの要素があるとしています。

・ことばの内容（言語）
・声のトーン・口調（聴覚）
・ボディランゲージ（視覚）

メラビアンは、この3つが互いに矛盾したメッセージを送ったときに、受け取る側がどの要素を重視するかという実験をしました。たとえば口では「ありがとう」と言っているのに、声はぼそぼそと聞き取りにくく、相手の目をみていない、といったような場合です。

メラビアンによれば、このときメッセージの受けとめ方におよぼす影響の度合いは、ことばの内容が7％、声のトーンや口調などの聴覚情報が38％、見た目やボディランゲージなどの視覚情報が55％でした。ことばでは「ありがとう」と言っていても、聴覚や視覚による情報から、そうは聞こえなかったのです。**話している内容よりも、声や見た目のほうが強いメッセージを与えているということです。**

ただし「メラビアンの法則」は、誤解されている部分があります。「あらゆるコミ

「人活」は「メラビアンの法則」に学ぼう

ユニケーションにおいて、非言語的なメッセージのほうが影響が大きい」ことを示すものとして紹介されがちなのですが、これはまちがっています。あくまで、言語によるメッセージと非言語的メッセージが矛盾したときに、どちらが強く影響するかという話です。

そうだとしても、非言語的コミュニケーションの重要性を示す法則であることには変わりありません。私たちの「人活」では、非言語的な部分にも注意が必要です。声の大きさや話し方のスピードを考える、すっきりした服を着る、相手へのアイコンタクトを忘れない……といったことが、じつに大きな要素になります。

東京大学大学院教授の姜尚中《カンサンジュン》さんは『悩

む力』などのベストセラー本を出す一方、テレビでも大活躍されています。『朝まで生テレビ』などで、姜さんがあの風貌とあの落ち着いた声で話すと、どんな意見でも（というのは失礼ですが）説得力が一気に増すように思えます。

女性で同じように、風貌と声で説得力を高めている人を探すと、『ワールドビジネスサテライト』のキャスターを長年務めている小谷真生子さんでしょう。

このお2人は、非言語的コミュニケーションの重要性を、身をもって教えてくれています。「歩くメラビアンの法則」と呼んでしまいましょう。

非言語的コミュニケーションを磨くときの合ことばは、**「めざせ姜尚中、めざせ小谷真生子」**です。

「人活」の3原則を自分のものにする9つの方法

次に、「人活」の3原則はどうすれば身につくかを、具体的に考えていきます。ここでもポイントを簡潔にするために、それぞれの原則について3点に絞ってお話しします。

【原則1】「98％の運」を高めるために

1　24時間すべてがプレゼンテーション

「人活」の最高の舞台の1つは、プレゼンテーションです。最近は、会社でも学校でも、プレゼンテーションをする機会が増えています。

しかしプレゼンテーションは、なにも会議室や教室だけでするものではありません。「人活」では、人とのコミュニケーションすべてがプレゼンテーションです。そのなかで「正直なコミュニケーション」をとっていくことが、「98％の運」の部分を引き寄せてくれます。

プレゼンテーションの語源は、「プレゼント（贈り物）」です。話をしたことで自分がすっきりしたというのでは、自己満足でしかありません。相手にとってメリットになること、「贈り物」になる内容を提供することが大切です。

それには、相手を知ることも重要になってきます。相手のことがわからないと、どんな贈り物を喜んでくれるかもわかりません。

2　相手と「ｗｉｎ－ｗｉｎ」な関係をつくる

相手がどんな「プレゼント」を喜んでくれるかを考えるのは重要ですが、だからといって相手に振りまわされてばかりでは、コミュニケーションは長続きしません。相手と自分の両方のメリットになる「ｗｉｎ－ｗｉｎ」な状況をつくることが、コミュニケーションを成功させるポイントです。

一方が話し手に、一方が聞き手になってしまうと、コミュニケーションに発展が生まれません。お互いが知恵を持ち寄り、キャッチボールのなかから新しいアイディアが生まれるようなコミュニケーションが理想です。

3　あなた自身のことばで話す

いまどきのカッコいいカタカナ語を使っても、相手に伝わらなければ自己満足に終わります。むずかしいことばを、わざわざ選ぶ必要もありません。

大切なのは、あなたのことばで話すことです。誰かから借りてきたようなことばでは、「正直なコミュニケーション」はできません。

言いたいことが自分で本当にわかっていれば、はやりのカタカナ語も、漢字だらけのことばも無理に使わずにすむはずです。自分の頭に自然に浮かんだ、ひらがなの多いことばで話してみましょう。

【原則2】「行動をうながす」を実現するために

1 「人活」の結果をフォローする

「人活」の目的は、相手に行動をとってもらうことです。相手が行動するという結果が出て、はじめて「人活」は完結します。

そこで、フォローが必要になります。相手が理解してくれたか、実際に行動を起こしてくれたかを確認します。

行動してくれなかった場合には、何が足りなかったかを考えることが必要です。1回で伝わらなくても仕方ありません。うまくいかないときは、はたらきかけの方法を何度も変えてみましょう。

2 具体的に話す

相手には、とってほしい行動を具体的に説明しなくてはいけません。その行動が相手にとって、あるいは相手とあなたの両方にとって、どのようにプラスになるかも具体的に説明します。

すぐにできる具体的な行動を説明することで、相手が行動しやすくなるきっかけをつくります。

3　相手のやる気を引き出す

とるべき行動が理解できても、やる気をもてない人はたくさんいます。そういう人が相手のときは、淡々と説明するだけでは足りません。相手のいいところをほめ、共感し、いっしょに悩んだりして、やる気を引き出すコミュニケーションを意識することが大切です。

ちょっと古くて、いかめしい格言ですが、太平洋戦争中に日本海軍の連合艦隊司令官を務めた山本五十六のことばに、「やってみせ、言って聞かせて、させてみせ、ほめてやらねば、人は動かじ」というのがあります。

ここでのポイントは、「ほめてやらねば」です。人を動かすには理屈だけではだめで、ときには感情の部分がものをいうことを、みごとに表現しています。

【原則3】ことば以外の要素を強みにするために

1 非言語的コミュニケーションの大切さを知る

「メラビアンの法則」のところで説明したように、私たちが相手を判断するとき、ことばの比重はじつは思ったほど大きくないものです。ことば以外の要素によって、どれだけの判断を無意識のうちにしているかしれません。この無意識な心理にはたらきかけることの大切さを、つねに意識しましょう。

2 非言語的コミュニケーションをトレーニングする

ことば以外のコミュニケーションには、一定のトレーニングが必要です。私も自分のテレビでのコメントにいつもがっかりするのは嫌なので、日頃から表情をビデオに撮るなどしてトレーニングをしています。

ビデオのなかの自分をみるのは、最初はきまり悪いものです。鏡でみている顔、頭のなかで聞いている声とはちがうからです。

でも、だからこそトレーニングする価値があります。ビデオのなかで照れずに、気持ちのいい笑顔をつくれるようになったとき、あなたの非言語的コミュニケーションは格段に進歩しているでしょう。

原則1：「98%の運」を高めるために
24
24時間すべてが
プレゼンテーション
相手と
win-winな関係をつくる
あなた自身の
ことばで話す
原則2：「行動をうながす」を実現するために
「人活」の結果を
フォローする
具体的に話す
相手のやる気を
引き出す
原則3：ことば以外の要素を強みにするために
非言語的コミュニケーション
の大切さを知る
非言語的コミュニケーション
をトレーニングする
信頼関係を
大切にする

「人活」の3原則を自分のものにする9つの方法

3　信頼関係を大切にする

相手とのそれまでの関係も重要です。信頼関係があるとないとでは、コミュニケーションの成功率が格段にちがってきます。ですから、新しい相手とのコミュニケーションでは、誠実に話をして信頼関係をつくることが大切になります。その関係は、次のコミュニケーションの機会に確実にものをいうでしょう。

3原則の効果は、数週間で表れる

私はこの「人活」の3原則を、人と会うときだけでなく、本を書くときにも意識しています。私は読者のみなさんに行動を起こしてほしいからこそ、本を書いているのです。

本も日常のコミュニケーションと同じで、ことばだけのものではありません。本のデザインも、読者とコミュニケーションを図るうえで、とても重要です。装丁はいろいろな方の意見を聞いて決めていきますし、表紙に自分の写真が載るときは服装やポーズをしっかり考えます。

私はけっして、コミュニケーションが得意なほうではありませんでした。いまでもコミュニケーションの達人などとは言えません。でも、いろいろな方々と出会ってサポートを受けられるようになった理由を考えると、この3原則をなんとか意識し続けたことがとても大きいと思っています。

コミュニケーションが苦手だと思っている方は、この3原則をぜひ試してみてください。つねに3原則を意識して、日頃の行動のなかで実践するよう努めれば、きっと数週間から数カ月で、見ちがえるような効果が出てきます。

私も30代前半までのコミュニケーション下手を少しずつ克服した結果、新しいチャンスをたくさんつかむことができました。この3原則を心がけるだけで、あなたの「人活」のスキルは格段に上がるはずです。

人活とは

話し上手をめざすことではなく、
コミュニケーションによって
「98％の運」を引き寄せること。

美活

Chapter 2

年齢別「美の偏差値」で60〜65をめざす

美しくなりたい。

言うまでもありませんが、これは女性にとって永遠のテーマです。

女性誌をみれば、それがよくわかります。どの雑誌を開いても、どの号をめくっても、「美しくなりたい」という女性の願望に訴える記事が必ず載っています。

男性誌はどうでしょう。最近は男性にも「美しくなりたい」と思う人が増えてきましたから、とくに若者向けの雑誌は、ヘアスタイルやスキンケアといったトピックをずいぶん扱うようになっています。

しかし男性誌全般でみると、「美しくなりたい」というテーマの記事は、「もっとお金を稼ぎたい」「もっと社会で出世したい」といった記事に比べると、まだまだ少ないはずです。

男性は「稼ぎたい」、けれども女性は「美しくなりたい」。この差はどうして生まれたのでしょう。

ひとことで言えば、**子孫を残すという種の本能**のためです。

女性の「美しさ」とは、異性である男性にとって魅力的だということです。男性にとって魅力的な要素とはなんでしょう。それは「自分の遺伝子を残すために、健康な子どもを産んでくれる」ということです。

この視点は男性ばかりでなく、女性にとっても重要なものでした。

女性はこれまで社会的に差別されてきたこともあって、自分が努力して社会的な地位を得ようとするより、頼れる男性と結婚することをめざしてきた部分があります。自分の社会的地位を高めるには、そのほうがより少ない労力で、より高いリターンを得ることができたためです。

女の子の場合には、小さい頃から、まわりが教育よりも美容に投資する傾向があったのも、そう考えればわかりやすいはずです。

半世紀ほど前まで、日本のお父さんたちは「女は学校なんか行かなくていい、早く嫁に行け」と娘に言っていたというイメージがありますが、このことばがすべてを表しているでしょう。

男性が女性を「美しい」と感じる理由にも、人間の種としての本能が色濃く影響しています。女性の顔は、**シンメトリー（左右対称）**であることが美しさの必須条件の

「健康」な女性を見きわめる動物的な感覚

ように思われています。男性は、自分が意識するとしないとにかかわらず、シンメトリーな顔の女性を美しいと感じているはずです。

これは、「健康」な女性を見きわめるために人間がもっている動物的な感覚なのかもしれません。

たとえば、体調が悪くてお腹が痛いとき、どことなく顔の表情がゆがんでしまうことはありませんか？　寝不足が続けば、肌がガサガサになったり、吹き出物ができたりすることもあります。

ダイエットのしすぎで、ほおがこけてしまったときも、顔にゆがみが出てしまうでしょう。人間のもつ動物としての感覚は、表情の微妙な変化から相手が健康かどうか

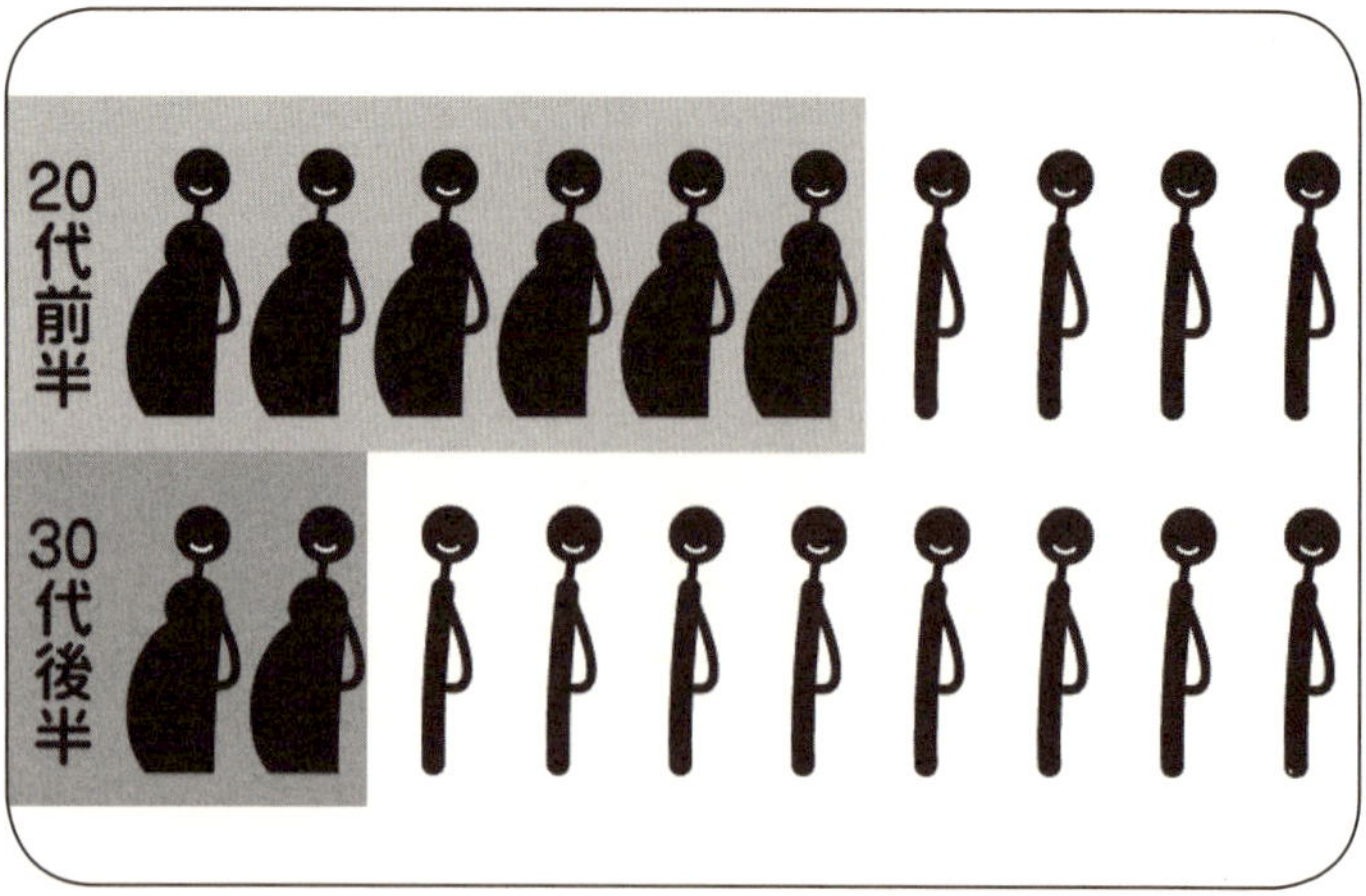

年齢とともに下がる着床率

をなんとなく感じ取れるわけです（ただし、「産活」の章でも書きますが、最近は人間の動物的な感覚が文化の影響で変化してきたと感じられる現象も起きています）。

体型も同じです。女性の場合は、胸が大きく、腰がくびれていて、お尻がふくよかな**「ボン・キュ・ボン」**という体型が好まれます。これも遺伝子を残すという本能と、深い関係があります。

大きな胸は乳腺が発達している可能性が高いので、母乳を供給する能力を示します。ふくよかなお尻は骨盤が丈夫な証拠ですし、くびれた腰は内臓脂肪が少ないことを示しています。「ボン・キュ・ボン」が好まれてきたのは、この体型が健康な子どもを産むことのできる証しだったためです。

女性の美しさは、子どもを産むのに適した年齢でピークに達します。健康な子どもを産みやすい20代前半あたりが、いちばん魅力的になるのです。

子孫を残すという観点からみると、20代前半で美しさがピークになるのは、じつによくできたメカニズムです。排卵日の2日前に受精したときの着床率のデータを、年齢別に比べてみると、よくわかります。20代前半では60％前後なのですが、30代後半以降になると20％前後に下がってしまうのです。

男性が遺伝子を残すためには、**20代前半の女性と性行為を行ったほうが合理的な選択**になるわけです。

生殖年齢だけで「美しさ」を考えない

では私たちは、20代前半を過ぎたら美しさが衰えていくという現実を、ただ受け入れるしかないのでしょうか。

もちろん、そんなことはありません。私たちが生きているのは遺伝子を残すためだ

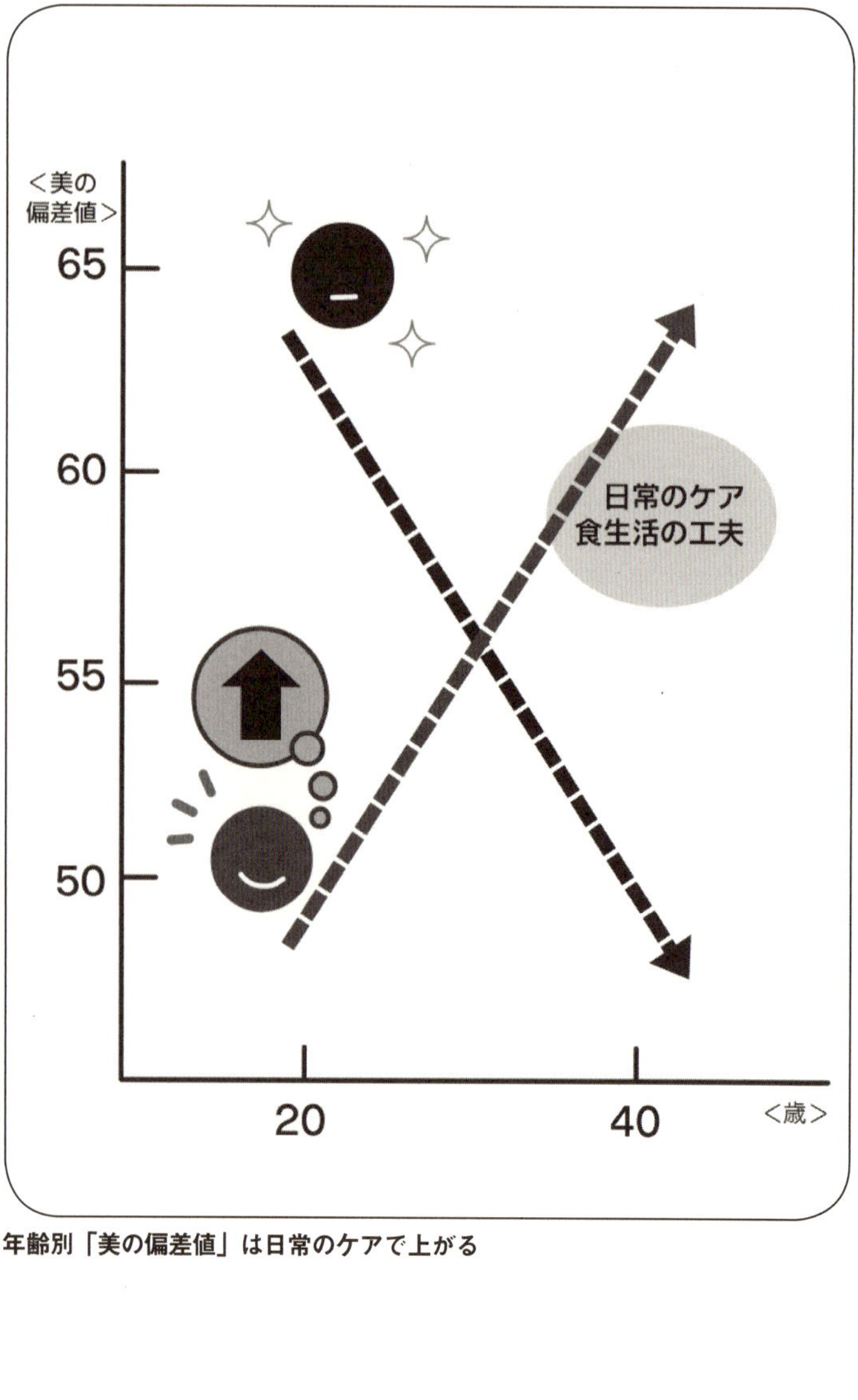

年齢別「美の偏差値」は日常のケアで上がる

けではなく、社会的な生活を営むためでもあるからです。

とくに女性にとっては、どの年齢でもある程度の美しさを備えていることは、健康の証しになります。まわりに信頼感を与えることにもつながります。

「美しさ」は規律のある生活を送っている表れですし、生活に余裕のある証拠でもあります。社会的な生活を円滑に送るために、生物学的な美ではなく、「社会的な美」が必要になるのです。

そこで私が提案したいのは、**年齢別「美の偏差値」**という考え方です。

年齢別「美の偏差値」では、まず、美しさを生殖年齢の視点から考えることをやめます。生物学的な絶対値だけを考えると、「20代前半がいちばん美しい」という話で終わってしまいます。そうではなく、自分の属する年齢によって、美しさを相対評価で考えるのです。

意識するとしないとにかかわらず、私たちはこの視点をすでに取り入れています。「(40代のわりには)若くみえる」「(50代なのに)肌がきれいだ」という見方を、誰でも日常的にしています。これが、年齢別「美の偏差値」の基本となる考え方です。

20代の美しさは、誰もが遺伝子のなかにかかえている「もって生まれた」ものです。この年齢は、女性がもっとも若々しく、かわいらしく、愛らしく、きれいな時期です。

だから、美をめざす自分の努力よりは、もって生まれた「美の力」が効いてきます。努力はそれほど反映されず、遺伝的な要素が大きくものをいいます。

しかし40歳になれば、誰でも20代に比べると老いてきます。白髪が出てきて、しわが増え、肌は弾力をなくします。

20代の頃はどんなに美しかった人でも、老化には逆らうことはできません。老化の進行は、ある程度までコントロールすることはできても、完全に抑えることは不可能です。

ですから、40代になってもその年齢にふさわしい美しさを保つには、日常生活のなかで努力が必要になります。努力ということばがうっとうしければ、日常的なケアと言い換えてもいいでしょう。

食事に気をつける、きちんと運動してスタイルを保つ、ヘアスタイルやメイクを工夫する、たばこを吸わない、アルコールを飲みすぎない……。こうした気配りを日頃からちゃんとしていると、20歳のときには「美人」とは言えなかった女性でも、40歳になった頃には年齢別の「美の偏差値」が格段にアップしています。

20歳のときには美しかったけれど、自分のケアをおこたって40歳になった女性より、偏差値が高くなっているでしょう。

しぶとく残る「文化的遺産」

この章のはじめに、女性誌と男性誌のテーマのちがいについてお話ししました。女性誌の永遠のテーマは「どうしたら美しくなれるか」、男性誌は「どうしたらお金を稼げるか」でした。

男性の場合は、生殖のためにもっとも重要な要素が「美」ではなく、「経済力」なのです。「自分の精子から生まれた子どもを何人まで養えるか」が重要であり、それが結婚の決め手になるのです。

事実、男性の婚姻率は年収によって明確な差があります。年収の高い層ほど、未婚率が低くなっています。

このあたりまで読んで、疑問をもった読者もいらっしゃるでしょう。いまは女性も経済力をつけている、男性に養われることをあてにしない人も多いはずだ、それなのに、なぜ女性に「美」が必要とされるのだろう……。

この疑問への答えは、**「文化的遺産」**ということばで説明できます。

たしかに、女性の社会進出は少しずつ進んできました。「男女共同参画」が提唱されるようになり、女性が男性並みに稼ぐことのできる土壌は整ってきたのかもしれません。

しかし、その流れが進んできたのは、たかだかここ数十年の話です。人間の歴史のなかでは、ほんの一瞬のような時間でしかありません。

なにしろ、日本で女性が参政権をもつようになってから、まだ60年ちょっとしかたっていません。女性が「市民」としての最低限の権利を認められてから、まだ60年なのです。

一方で、人間の遺伝子に埋め込まれているもの、文化のなかにただよってきたものは、それよりはるかに長い年月を生き残ってきました。これが文化的遺産です。

いくら社会が変化して、女性の社会進出が進んでも、この遺産がはびこっているうちは、私たちの感覚はそれに大きく左右されてしまいます。

見方を変えれば、「この文化的遺産があるからこそ、女性の社会進出はまだこれしか進んでいない」とも言えるのです。女性が外見の美しさで判断されがちなのも、女性の側が美しさを「売りもの」にしがちなのも、文化的遺産が根強く残っているためです。

「100人中20~30番目にきれい」でいい

「文化的遺産」は、まだしぶとく生き残るでしょう。ですから、とくに女性が人生を豊かに、自由に、楽しく過ごそうと思ったら、戦略的に「美しさ」を備えるべきです。自己投資の1つとして美しさを追求していくのです。

しかし、美しさを追求することに時間とエネルギーを使いすぎて、肝心の自己鍛錬や仕事がおろそかになってはいけません。私たちがめざすべきなのは、ただ美しくなることではなく、あくまで人生を豊かにするために、ほどよい努力で、ほどよい美しさを保っていくことです。

そこで、年齢別「美の偏差値」の出番になります。

私はこの偏差値で、60~65をめざすことをおすすめします。

偏差値60~65とは、100人の同じ年齢の女性のなかで、20~30番目くらいに美しいということです。

もちろん、あまり苦労せずに偏差値70をめざせる人は、めざしていいのです。しか

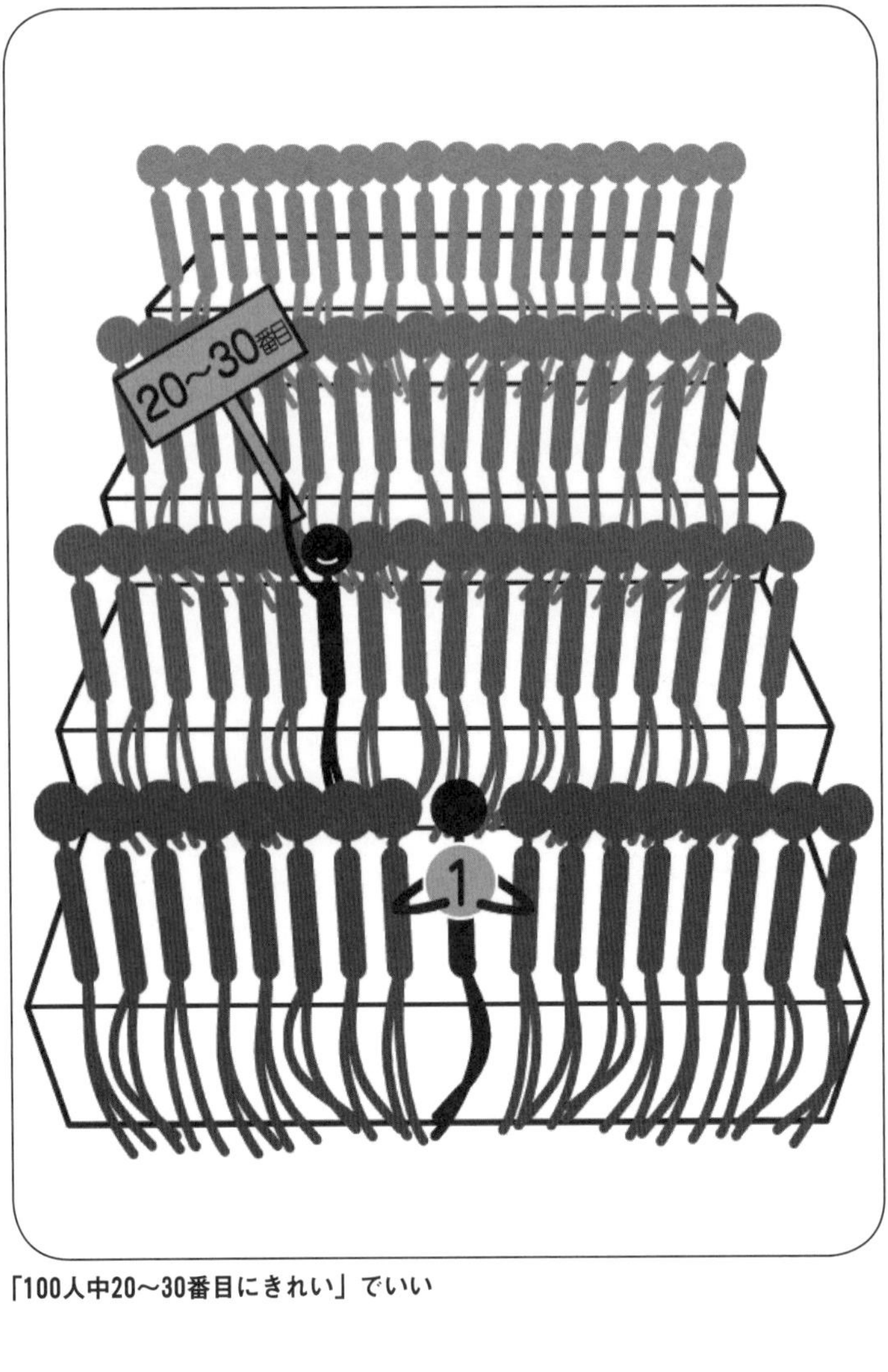

「100人中20〜30番目にきれい」でいい

し、そうでない人が70をめざすと、莫大な時間とお金の投資が必要になります。

大切なのはバランスです。私たちが上げるべき偏差値は、美についてのものだけではありません。偏差値60〜65なら、どんな女性でも、まだ努力しだいで十分にねらえる目標です。偏差値70をめざす必要があるのは、容姿が仕事に直結する俳優やモデルのような職業の人だけでしょう。

叶姉妹は、1日に6時間を美容に費やしているそうです。あの方々なら、そのくらいの時間をかける意味があるでしょう。偏差値70どころか、80くらいをめざしてもいいのでしょう。

けれども、前の章で触れた**小谷真生子さんなら、1日に6時間も美容に使う必要はありません。**実際に、使っていらっしゃらないはずです。

小谷さんは、コミュニケーション力の偏差値が70を超えています。そこが仕事にいちばん活きるところですから、「美の偏差値」はその強みを損なわないレベルでもかまわないのです。私たちは、小谷真生子をめざすべきです。

私たちが「美の偏差値」を上げたいと思ったときに注意したいのは、「評判のいい化粧品を探す」というようなお手軽な方法に飛びつきがちなことです。自分で努力を続けることより、お金で解決できる手段についい頼ってしまうのです。化粧品やエステに高い値段が設定されているのは、そこに頼ってしまう女性の心理を巧妙についているわけです。

美容以外の部分で偏差値アップをねらう

もちろん、化粧品やエステにも一定の効果はあります。

しかし、年齢別「美の偏差値」を上げるうえで重要なのは、もっとお金のかからない、けれども継続するには努力のいる方法です。それは、さまざまな生活習慣を整えることです。

ちゃんと睡眠をとる、バランスのいい食生活をする、定期的に運動をする。そうした日々の積み重ねのほうがはるかに大切です。いくら効果のある化粧品を使っても、不健康な生活を続けていては、けっして美しくなれません。

お金で買える「美の偏差値」には限界があるのです。私たちはそれなりに努力しなければ勝ち取れない部分に、時間とエネルギーを割り振るべきです。

Chapter 2 美活

女性の美しさを決める大きな要素は、顔立ちが整っていることや、肌が美しいことだけではありません。表情、声、話し方、**そしてもちろん話の中身**、そうしたものがすべて美しさにつながります。

どんなに効果のある化粧品を見つけたとしても、これらの偏差値を上げることはできません。**「3カ月で偏差値が15も上がった！」などという学習塾の宣伝コピーのようなことは期待できないのです。**

残念ながら、お手軽な方法はありません。日常の生活と仕事を充実させること、いい恋愛パートナーや配偶者を得ること、満足度が高く愛情にあふれた時間を過ごすこと。そんな「正攻法」でしか、年齢別「美の偏差値」は上げられないと言っていいでしょう。

女性にとって美しさとは、生物学的にも社会的にも、自分の地位を高め、まわりから信頼を得るための強力な手段になります。だからこそ、いくら女性が社会進出を果たして経済力をつけたとしても、けっして軽視してはいけない要素です。年齢別「美の偏差値」を60〜65に引き上げ、それを保っていくことは、人生の戦略上とても大切なことです。

化粧品のような「美容」は、美しさを手に入れるために必要な手段の3分の1程度でしかありません。残りの3分の2は、ふだんから生活と仕事を充実させることに尽きるのです。

でも、その3分の2の部分で、「美の偏差値」を1ポイントでも2ポイントでも高められるとしたら？　これは確実に大きな武器になりますし、もっと偏差値をアップさせられる可能性にもつながります。歳をとってから「美の偏差値」を高めることができた人は、歳を重ねるにつれて、偏差値を高める「コツ」をさらに磨いていけるはずだからです。

ある日気がついたら、「美の偏差値」60〜65という目標は、十分にあなたの射程圏内に入っているはずです。

美活とは

評判の化粧品を
買い歩くことではなく、
ふだんの生活と仕事を
充実させること。

就活

Chapter 3

Chapter 3 就活

「就活＝エントリーシート」じゃない

「就活」は、基本的には不公平なものです。

企業は、とくに新卒一斉採用のときには、**「統計的差別」**をしています。

性別や学歴などによって、入社後の実績にちがいがあることが統計に表れていれば、企業はそれをシグナルとして判断を下します。「女性より男性のほうが勤続年数が長い」という統計があれば、採用時には女性を差別する。「いわゆる一流大学の出身者のほうが業績がいい」という統計があれば、一流大学の学生を採用する、といったことです。

個々の応募者のことを知る前に、あくまで統計によってスクリーニングしてしまうのです。

統計的差別の要素は、性別や学歴だけではありません。**企業は美人を採りたがります。**とくに銀行やテレビ局など、女性に人気の高い企業の人事担当者は、はっきりそう言っています。

これは、美人のほうが管理コストが低いとされているためです。かわいい子は性格のいい子である可能性が高い、と思われています。銀行などがいちばん恐れるのは、社員が不正をはたらくことですから、もし「美人は性格がいい」というデータがあれば、それを重視してしまうのです。

男性の場合は、身長だと言われます。背の高い人はリーダー的な資質も高いと思われているのです。オーストラリア国立大学の経済学者が２００９年に発表した研究では、**男性は身長が高いほど年収が高い**という相関関係が確認されました。

統計的差別は、企業側にしてみれば仕方のない部分があります。少ない採用枠に、ときには数千人、数万人の応募があります。短い時間で志願者のどこをみればいいかなど、企業にもわかりません。そうなると、意識するとしないとにかかわらず、「一流大学のかわいい子を採ろう」ということになるのです。

大学新卒者の就活は、早期化・長期化の傾向にあります。遅くても大学3年生の秋からは就職セミナーを受けたり、エントリーシートを書き始め、翌年の春には内定が出ます。

いろんなアドバイスが飛び交い、さまざまな噂が流れます。エントリーシートはこう書け、面接ではこう振る舞えと、いろんな人がいろんなことを言います。しかし、就職試験のすべてとは言いませんが、その根本にあるのは統計的差別です。エントリーシートの書き方でくつがえせるほど、やわな差別ではありません。

そうなると、就活について、2つの考え方ができます。

1つは、統計的差別を最大限に利用することです。偏差値の高い大学にいる人、かわいい女の子、身長の高い好青年タイプは、こちらでがんばってみてもいいでしょう。

もう1つは、統計的差別を避ける手です。コネを使って裏口からいく。学生時代からインターンをやり、そのまま就職する。あるいは、公平な資格試験をめざす、などです。資格試験は、顔も身長も、大学の偏差値も関係ありません。

どちらがおすすめとは言えません。むしろ、この2つの選択肢だけなら、あえてどちらもすすめません。この選択肢は「いかに企業に入るか」「どうやって仕事を得るか」という、ごくごく狭い意味の就活にかかわるものでしかないからです。

経済がこんなふうになってしまったいま、ある企業、ある業種が、5年後、10年後にどうなっているかなんて、誰にもわかりません。大学3年生のときに人気があって、身を削るような就活をして入った企業が、5年後に生き残っている保証など、まったくないのです。

ですから、就活で本当にやるべきことは、エントリーシートの書き方を学ぶことではありません。もっと広く、長期的に、自分の人生戦略を立て、そのなかに仕事を位置づけていく作業をすることです。

「仕事を通じて、長期にわたって、できるだけ幸せになるにはどうしたらいいか」を考えること、それが「本当の就活」です。

そのためには、どんな視点をもてばいいのでしょう。

歳をとると不幸になる日本人

最初に、仕事と幸せの関係です。

「幸福感」を数字で表した調査を、いくつかみてみましょう。まず、幸福感を国際比較した「ワールド・バリューズ・サーベイ」という調査で、日本は97カ国中43位です。予想どおりと言うべきか、日本人はあまり幸せではありません。

次に世代ごとの幸福感をみると、日本には他国とは異なる傾向があります。

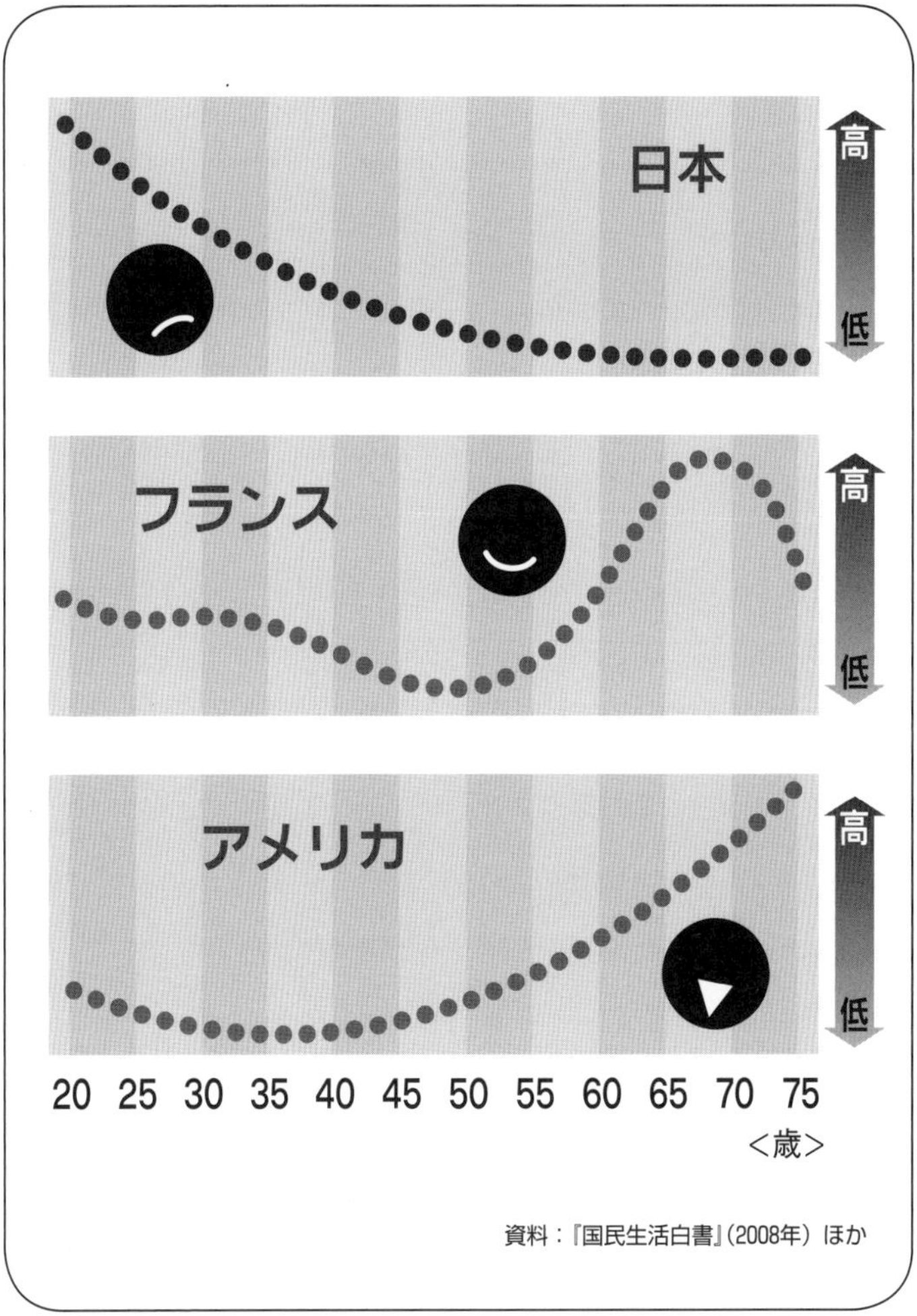

右肩上がりにならない日本人の幸福感

年齢と幸福感の関係は、U字形の曲線になるのがふつうです。若い頃は高く、中年になると下がり、50〜60代からまた高くなっています。

ところが日本人は、歳を重ねても幸福になりません。**若い人、それも学生がいちばん幸せで、そこからどんどん下降します。**67歳で底を打ちますが、その後もほぼ横ばいのL字形の曲線です。

最後は、男女比較です。じつは、女性は男性よりも幸福なのです。ニールセン社が2008年に行った調査では、女性が男性より幸福な国が51カ国のうち48カ国にのぼっていました。男女間のギャップがもっとも大きい国が日本でした。

日本人の幸福感の特徴には、どれも長時間労働がからんでいます。

学生と女性が幸福なのは、一般に労働時間が少ないからです。男性、とくに30〜60代が不幸なのは、働きすぎだからです。週60時間以上働く「過労死予備軍」と呼ばれる人が、男性では正規雇用者の20%以上います。これでは、不幸にならないほうが不思議です。

私も労働時間規制を早くやるべきだと言い続けていますが、なかなか前に進みません。研究によれば、企業でワーク・ライフ・バランスの適正化を指導すると、3カ月で仕事にいい影響が出てきます。プライベートな時間を増やし、勉強したり休んだりして3カ月たつと、仕事の生産性が上がるのです。

それなのに大きな流れにならないのは、その3カ月を我慢できない会社と、残業代をあてにせざるをえない労働者が多いためです。

外国では、宗教も幸福感を高めるのにひと役買っています。信仰心が支えになるだけでなく、教会がコミュニティの中心になっていることが大きいのでしょう。地域の人と顔を合わせ、子どもや高齢者の面倒をみたり、チャリティに参加したりする時間は、人を幸福にしてくれます。

ところが日本人、とくに男性は、信じるものが仕事しかない「労働一神教」です。歳をとって退職しても幸福になれないのは、仕事という「神」が突然いなくなってしまうからでしょう。

幸福になるための社会の取り組みが遅れているなら、いまは自分でなんとかするしかありません。男たちはまだ「仕事の神」にしがみついていますから、この際、女だけでも先にいってしまいましょう。

「労働一神教」の男たちに巻き込まれないよう、自分で労働時間をほどほどに抑える。家庭をもち、家族とのかかわりを大切にして、仕事以外のネットワークを広げる。そういう部分が仕事に反映してくれれば、あなたの市場価値は高まります。

長期的な幸せを考え、ワーク・ライフ・バランスを適正に保ち、そのうえで自分の市場価値を高めること。それが**「本当の就活」のルール1**です。

「時間リッチ」の時代に備える

うまく就職を果たしても、職を得た業種や企業が、この先どうなるかは誰にもわかりません。5年後、10年後に、働き方が大きく変わる可能性も大いにあります。

すでに、その変化にとまどう人たちが出てきています。企業は不況のために残業代を払えないので、社員に残業をさせなくなってきました。労働時間が減ってきたのです。**「残業ができないなら、なんのために会社に行っているのかわからない」**などという、笑うに笑えない声も聞こえてきます。

もう1つ聞こえはじめたのが、「残業をしなくなったので自分の時間が増えたけれど、何をしていいかわからない」という悲鳴です。いままで仕事以外のことをしたことがなかった人は時間をもてあます時代がやってきました。

だったら、**「第二の就活」**をすべきです。転職をしようという意味ではありません。仕事と労働時間を見つめ直し、人生戦略を練り直してみるのです。

なぜいままで仕事ばかりしていたのだろう？　残業をしなくても、会社はまわっている。だったら、これまでも労働時間は少なくてよかったのではないか？　もっと効率的な働き方をするにはどうしたらいいのか？　5年後、10年後に、どんな仕事をしているのが理想だろうか？

そんなふうにこれまでを振り返り、将来を考えることは、むやみに残業するよりもはるかに意味があります。

そのためには、**家に帰ってすぐにテレビやパソコンをつけることを、自分に禁止します。**テレビとパソコンに頼らずに、いい人生を送る方法を考えましょう。

これまで残業づけになっていたのも、いきなり暇になったのも、どちらも会社の都合です。この機会に「会社に左右されずに生きる方法」を考えるのもいいでしょう。

そこから**「人生のＴｏ Ｄｏリスト」**をつくれば、行動の優先順位もつけられますし、これから伸ばしたい能力や取得したい資格などがわかってきます。暇をもてあますどころか、むしろ時間が足りないことに気づくでしょう。

人生戦略の見直しで大切なのは、「1日8時間の労働時間とその収入の範囲内で幸せに暮らす」を前提にすることです。そもそも、長時間の残業をしていた頃のほうが異常だったのです。

男性は残業が減って自分の時間ができたのに、その時間を家事や育児に振り向けている気配はありません。「家事や育児の時間がない」という理由づけは言い訳にすぎなかったことがばれてしまいました。

この本を読んでいる方のなかに家庭をもっている女性がいたら、残業代がなくなって夫の給料が減ったことを責めてはいけません。むしろ、夫の「家庭内再就職」を支援してあげましょう。

家事を手伝ってくれたら、「すごーい」と素直にほめましょう。子どもの前では「パパがおうちにいると楽しいね」「今日はパパ、何を食べたい?」と、父親を歓迎していることをことばで表すといいでしょう。テレビを消して、いっしょにごはんを食べましょう。話すことは、いくらでもあるものです。

大切なのは、家庭のなかに夫の居場所をつくってあげることです。夫が定年を迎えたあとの夫婦の生活を想定したトレーニングにもなります。

もう「忙しい」ことは、はやりません。これからは「時間リッチ」の時代です。「時間をうまく使っている人はカッコいい」「お金より時間を使えることのほうが贅沢」といった価値観が主流になるでしょう。「貧乏、暇なし」ということばがありますが、「暇のないことは精神的貧乏」とみられるようになっていきます。

就活にも、この「時間リッチ」の視点はとても重要です。

「グローバル就活」をやろう

2008年10月の日本の推計人口に、注目すべきポイントがありました。日本の女性人口がはじめて減少に転じたのです。

最大の要因は、海外に住む女性が増えたことです。女性人口は、前年から約2万人減りました。出生数から死者数を引いた「自然増」は、7000人あったのです。ところが、日本を出ていった人から入ってきた人を引いた「社会減」が、2万7000人にも達していました。

日本を見かぎる女性が増えているのです。海外に暮らす日本人の統計をみると、1999年以降は、ずっと女性が男性を上まわっています。

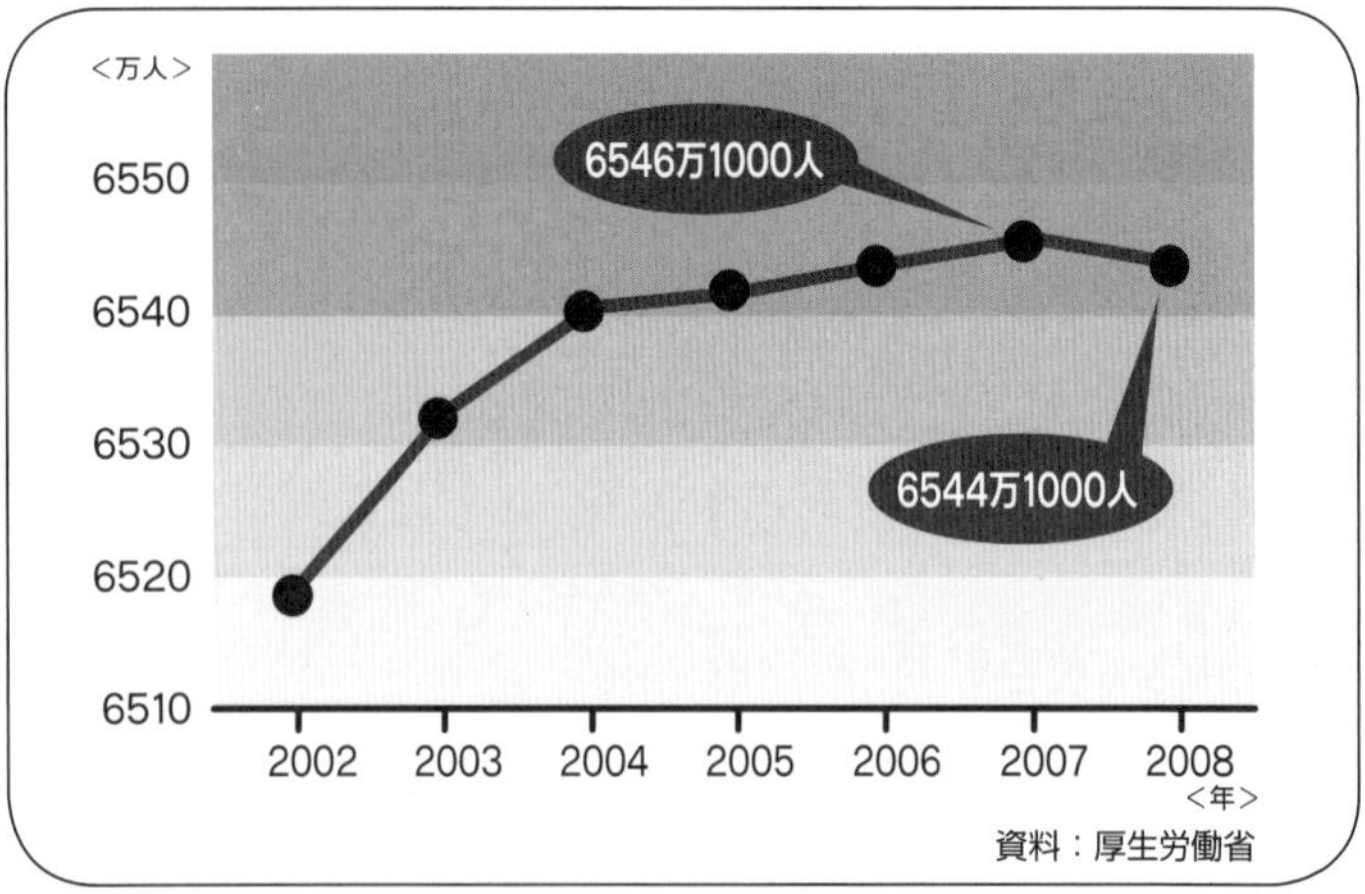

減少に転じた日本の女性人口

おそらくこれは、民間企業から海外に派遣される男性が、コスト削減のために減ったせいです。女性で海外に行く人は、留学やNGO活動など、もっと自主的な理由の場合が多いので、男女の数が逆転したのでしょう。

海外に住む女性が、なぜ増えているのでしょうか。答えはあまりに簡単です。女性にとって、日本より海外のほうが魅力的だからです。

先進国のなかで、日本ほど女性の地位が低い国はありませんから、海外で働けばたいてい待遇がよくなるのです。私も子どもの教育の問題がなかったら、海外に行っていたかもしれません。

こうなると、就活にも選択肢が1つ増え

てきます。海外で働くことをめざす**「グローバル就活」**です。

これまでは海外で暮らすといっても、多くの人が留学くらいしかイメージできなかったかもしれません。でも、もう定住と就職まで視野に入れていい時代が来ています。行動に移している女性が多いことは、数字にはっきり表れています。

とくに女性の場合、海外進出をあと押ししてくれる要素はたくさんあります。まず、女性は海外に出ても失うものが少ないのです。

男性であれば、日本社会からの「退出コスト」が高くつきます。日本での終身雇用の職を捨てると、生涯賃金が下がるリスクが非常に大きいのです。

しかし女性の生涯賃金は、もともと平均で男性の6割程度しかありません。むしろ海外へ出たほうが、給料は上がる可能性があるのです。

日本人女性というだけで、強みになることもあります。**ふつうの日本人女性がふつうにしていれば、日本ではともかく、「世界基準」では十分におとなしくみえます。**職場で権利ばかり主張しないし、仕事はきちんとこなします。

私生活でも、パートナーに「もっと愛して」などと、うるさく要求しません。私たちは、世界基準では「おしとやかな」文化をまとっているのです。

裏を返せば、日本の女性はそれだけ抑圧されているということなのですが、雇う側にとっては好都合です。よくも悪くも身についたおしとやかさは、逆手にとれば海外進出の大きな武器になります。

留学を考えているなら、アジア人女性であることが有利にはたらくことがあります。アメリカの大学には、アファーマティブ・アクション（差別撤廃措置）によって、入学選考でマイノリティ優先の枠を設けているところが多いのです。日本の女性は「アジア人」であり、「女性」ですから、マイノリティ優先枠の恩恵にあずかれることもあるでしょう。ハーバードなどの一流校も夢ではないかもしれません。

イギリスの大学にとって、アジアからの留学生はじつに大きな市場です。イギリスの大学では、国内の学生はもちろん、EU加盟国出身者の学費も非常に安く設定しなくてはいけません。

財源的な頼りはEU域外の留学生、なかでも中国、韓国、日本など東アジアの学生が払う学費です。ロンドンはもともと世界一の「多人種都市」ですが、とくに大学院は留学生だらけで、イギリス人学生を探すのに苦労するほどです。

こうなると、「海外の大学や大学院を卒業し、そのまま現地で就活をする」という、これまでなら絵空事でしかなかったようなシナリオも、現実味を帯びてきます。そういうことを選択肢に加えられる時代が、とっくに来ているのです。

人生の可能性を、日本という枠に限定する理由がどこにあるでしょう。世界はすっかりグローバル化しました。飛行機も速くなったし、インターネットもあります。スカイプを使えば、世界のどこにいても顔をみながら話ができます。海外に住んで、勉強したり働いたりすることを、重くとらえる時代ではありません。

「グローバル就活」をするには、当然ながら準備をしなくてはいけません。海外で働くには、それなりのビジネススキルと語学力が必要です。

でも、そこをクリアできたら、広大なマーケットが開けています。給料がアップする可能性もあるし、ワーク・ライフ・バランスも整っています。

ひょっとしたら、出会いだってあるかもしれません。「就活」だけでなく、「婚活」もグローバルにやってしまっていいでしょう。

もしうまくいかなかったら、日本に帰ってくればいいだけの話です。お茶漬けでも食べて、ひと息つきましょう。

ただし、日本に帰ることで何かが解決するわけではありません。お茶漬けを食べ終えたら、またがんばるしかありません。日本だろうと、海外だろうと。

女性のほうが不況に強い

いまの不況下の就活で、もう1つ押さえておきたいのは、「女性は不況に強い」ということです。

アメリカでは2010年1月に、就業者に占める女性の割合が50％を超えました。働いている人口のうち、女性が男性より多くなったのです。

これは、世界史に残る出来事です。

アメリカでは今回の不況で職を失った人のうち、じつに80％以上が男性です。これによって、働く女性は全就業者の50・3％になりました。このため、女性が家計を支え、職のない男性が家事をする家庭が増えるとも言われています。

ある意味で、女性は男性より不況に強いのです。多くの男性は、まだ工業など古い産業で働いていますが、女性はサービス業や新興企業に多いからです。不況になると古い産業はとたんにやられますが、サービス業はそれほどでもありません。

不況は女性にとってチャンスです。というより、弱者にとってチャンスなのです。

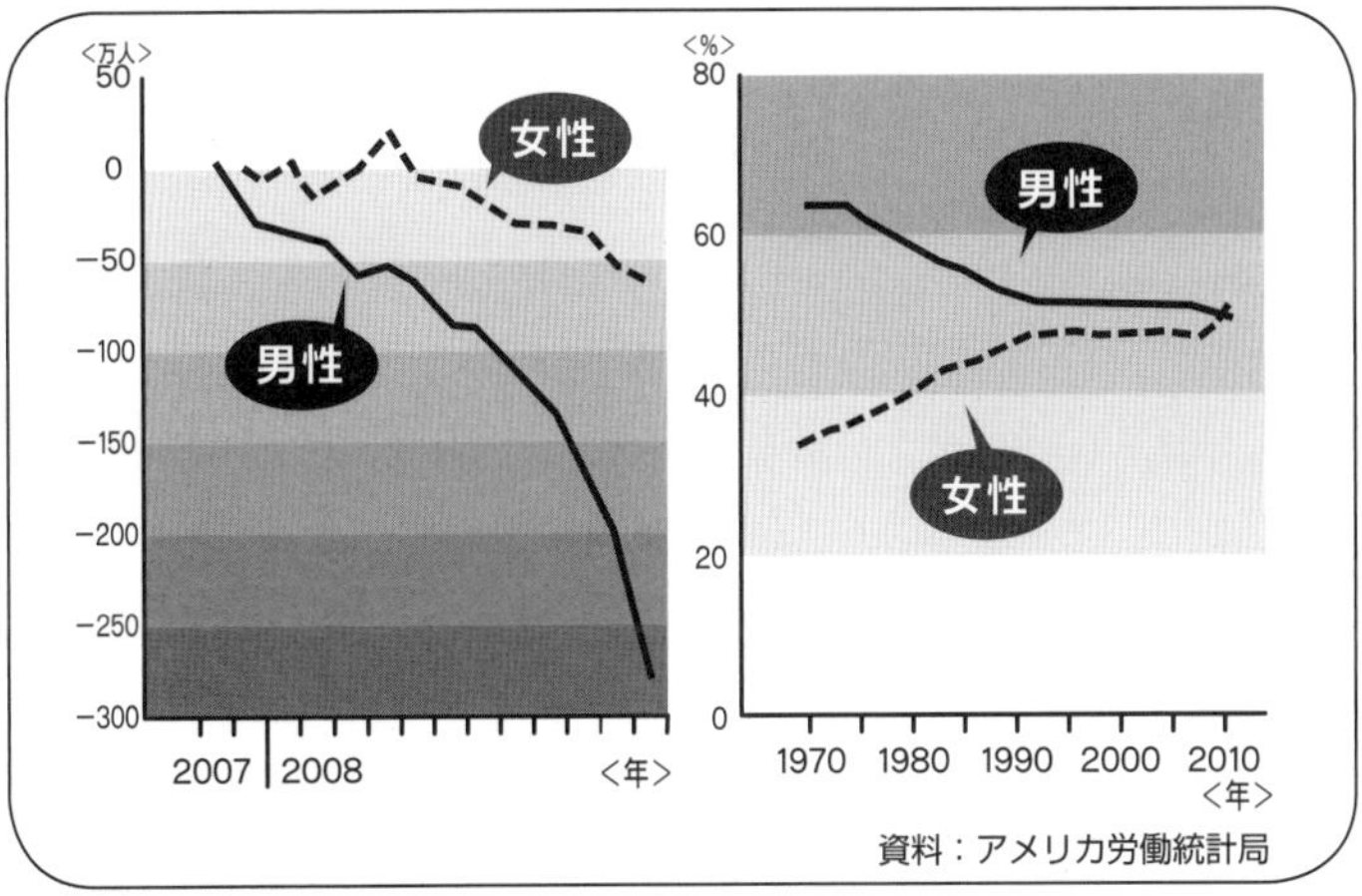

アメリカの男女別失業者数と就業者数の割合

景気が悪いなかでも、業績を伸ばす中小企業があります。不況になると、社会がリスクをとるからです。

たとえば企業が専門業者に発注するときに、いままでは名の通ったところを選んでいたけれど、こんなご時世だから安くやってくれる新興企業に頼んでみようか、ということになります。それと同じで、これまでリスクがあると敬遠されてきた女性にもチャンスが生まれるのです。

業績が伸び悩んでいる企業で、リスクをとろうという気があるところは、女性を採用して活躍させれば、いいことがあるでしょう。仕事を求めている女性にとっては、けっして悪い時代ではありません。

ただし、このチャンスを活かすには条件

があります。それはスキルがあるということです。厳しいようですが、働く女性の市場価値はこの1点につきます。

就活市場で生き残るための解は、能力開発しかありません。不況に打たれ強くなるにも、不況ではないときに生き残るにも、これしかありません。

解雇されたとしても次の会社に行けるかどうか、あるいは解雇されなくても次に逃げられるかどうかは、能力しだいです。

まず大切なのは、コミュニケーション能力です。就職できない人のいちばんの問題は、コミュニケーション能力だと言われています。人の言うことを理解する、自分の考えをしっかり伝える。そういうことが、ますます重要になっています。

農業をやっている人も、昔は一日中、黙って働いていればよかったかもしれません。いまはちがいます。スーパーに行くと、生産者のメッセージがついている野菜がたくさんあります。ウェブサイトで作物を宣伝する人もいます。農業にもコミュニケーションが求められているのです。

就活市場で生き残るには、コミュニケーション能力のほかに、2つスキルがあると完璧です。営業でも事務でも、あるいは外国語でも、「私にはこれができる」と言えるものが2つあることが理想です。

社会の変化にともなって、さまざまな競争が激しくなり、要求される水準は高くなっています。**若い女性の人気職業であるキャバクラ嬢だって、かわいいだけではやっていけません。**客の顔と名前を完璧に覚えるとか、癒やし系だとか、何かプラスアルファが求められます。

男性も同じです。アメリカのように失業して家事をするケースが増えるとしたら、稼ぎのある女性に選ばれるだけのプラスアルファが必要になります。

女性は不況に打たれ強い。それはたしかです。不況のニュースを見聞きしても暗くならず、チャンスが来たという知らせだと考えましょう。ただし、くれぐれも準備をおこたってはいけません。

「本当の就活」は一生続く

こうみていくと、本当の就活は、大学3〜4年生のある時期で終わるものではないことがわかります。

職を得たあとにも、働き方やライフスタイルを調整する必要が出てきます。自分自身の目標を見失わず、それを達成するための戦略も、そのときどきで修正を迫られるでしょう。

仕事と自分の幸せの兼ね合いを考え続けること。仕事を通じて自分が何を得たいのか、そのために何をしたらいいのかを問い続けること。私たちはそんな作業を、人生のどのステージにいるかにかかわらず、続けなくてはいけません。

就活は、エントリーシートを出すときに始まるものではありませんし、就職したからといって終わるものでもありません。

もし、あなたが大学3年生になっていなくても、もう「本当の就活」は始まっています。

そして、それは一生終わることがないのです。

就活とは

エントリーシートの書き方を
学ぶことではなく、
仕事と幸せの兼ね合いを
考え続けること。

恋活

Chapter 4

「恋愛至上主義」を提唱する5つの理由

私は「恋愛至上主義者」です。

恋愛は人生の最高の喜びだと考えています。そればかりでなく、恋愛は自分を成長させる最高の「投資」であり、人生を立て直す必要のあるときには最高の「特効薬」だと信じています。

それが私の恋愛についての大仮説です。

恋愛はそれほどすばらしいものだから、私たちのもつリソース（資源、資力）は、何をおいても恋愛に投じるべきなのです。

時間も、お金も、エネルギーも、まず恋愛に注ぎ込むくらいの心づもりでいいと思っています。

極端な言い方に聞こえるかもしれません。「恋愛がすばらしいのはわかるけれど、なにより優先しろというのはどうだろう？」と言われそうです。

しかし、恋愛のもつ効用は、「人生を充実させてくれる」「精神的な安定を得られる」

などという、あいまいなものだけではありません。経済学的に考えても、心理学の見地からみても、恋愛が人生に非常に大きな効用をもつことは、きちんと説明できるのです。

恋愛至上主義を取り入れてほしい5つの理由をご説明しましょう。

【理由1】恋をすると、寿命が延びる

恋をすると、長生きする。このことは科学的にも証明されています。

この点については、多くの調査研究が行われています。それによれば、動物でも人間でも、男性でも女性でも、独り身の場合より「つがい」でいるほうが寿命が長くなり、病気にかかる確率が低くなっています。

日本のデータを1つみてみましょう。国立社会保障・人口問題研究所が、40歳のときに未婚だった人と、結婚していた人それぞれの平均余命を算出しています。

最新の1995年の数字によると、40歳のときに未婚だった女性の平均余命は37・18年です。単純に考えると、40歳で未婚だった女性は平均して77歳で亡くなっていることになります。

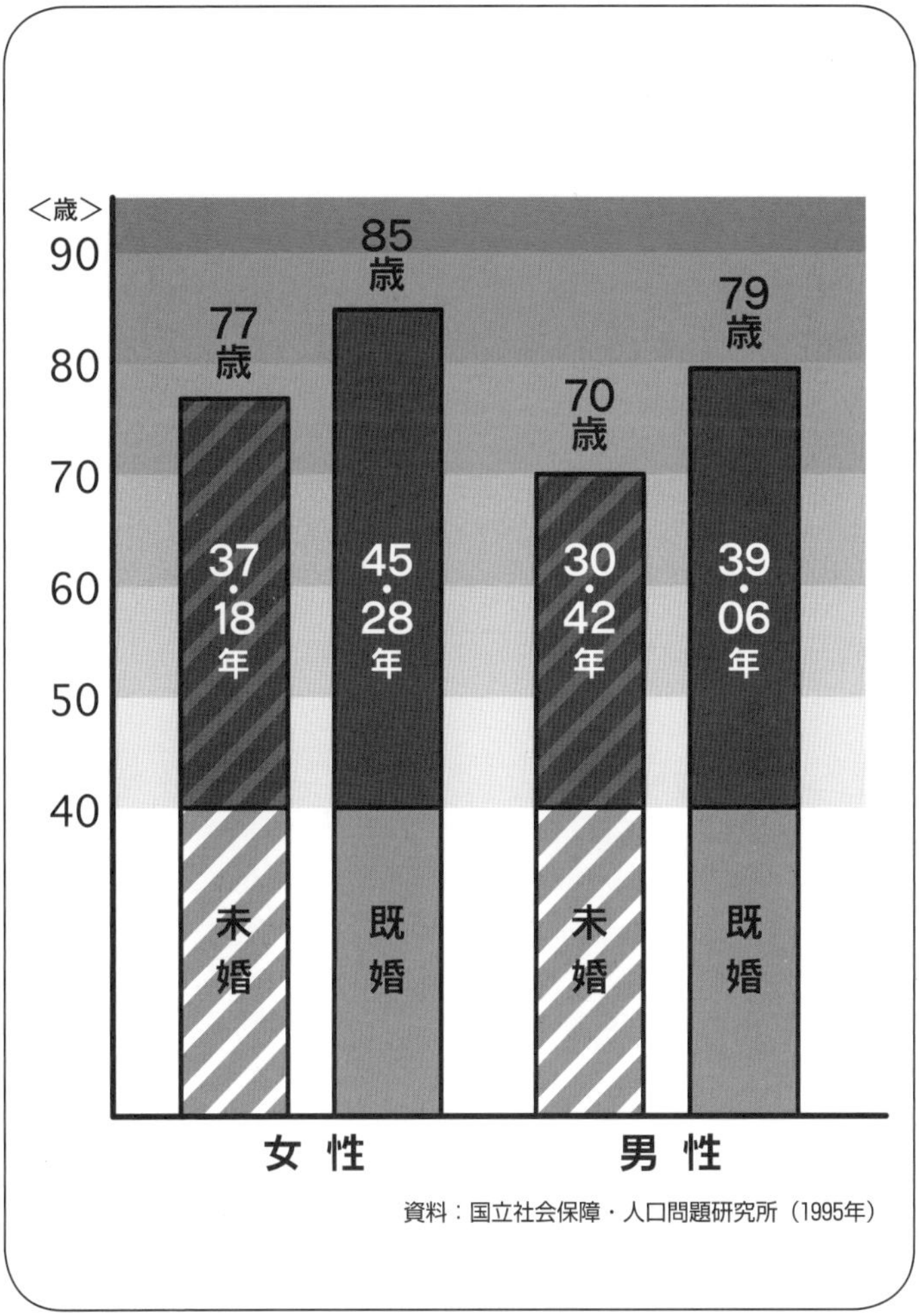

40歳時の未婚・既婚別平均余命

ところが、40歳のときに結婚していた女性の平均余命は45・28年ですから、85歳まで生きています。**結婚していた女性は未婚女性に比べて、じつに8年以上も長生きしているのです。**

男性の場合は、この差がもう少し大きくなっていました。40歳のときに未婚だった男性の平均余命は30・42年ですが、結婚していた男性は39・06年でした。

40歳のときに独身だった男性はだいたい70歳で亡くなっていますが、結婚していた男性は80歳近くまで生きているということです。

この数字は配偶者がいたかどうかで比較しているので、恋愛の効用を示したものとは100％言いきれません。けれども、このデータから読み取れるのは、パートナーがいることが人の心になんらかの安定をもたらし、それが長寿につながっているということです。その意味では、「恋をすれば、寿命が延びる」ことを示すデータと考えていいでしょう。

言うまでもありませんが、私たちがもっているもののなかで、もっとも貴重なのは生きている時間です。その時間が長くなるのですから、恋愛はお金では買えないものを私たちにもたらしてくれることになります。

これが、恋愛至上主義を唱える第一の理由です。

Chapter 4 恋活

なぜ、恋をすると寿命が延びるのでしょう。ここには、さまざまな要因がからみあってきます。

まず、恋をしてパートナーといっしょにいる時間が増えると、栄養状態がよくなります。

1人だと、食事も手間のかからないものにしようということになりがちです。でも食事をいっしょにする相手がいると、メニューに気をつかいます。いつもいっしょにいる相手とは、栄養バランスがよく、おいしいものを食べたいと、自然に思うようになってきます。

恋をすると、衛生にも気をつかいます。

いつもパートナーといっしょにいて、相手にみられていますから、ちゃんとお風呂にも入りますし、歯磨きも念入りにします。着ているものが清潔かどうかにも、気をつかうでしょう。衛生状態がよくなれば、当然ながら寿命は長くなります。

恋愛相手がいるということは、2人の「コミュニティ」が生まれるということでもあります。

このコミュニティは、小さな社会と言っていいでしょう。私たちの大きな社会を構成する最小単位です。

社会ですから、そこには適度な刺激と緊張関係があります。人は孤独でいるよりも、社会とかかわり、刺激を受け続けているほうが長生きするのです。

【理由2】恋をすると、きれいになれる

郷ひろみさんの懐かしい歌に、**「恋する女はキレイさ〜／けっしてお世辞じゃないぜ〜」**というのがありました。

『お嫁サンバ』というタイトルの、言ってしまえばナンセンスな歌詞を、ポップなメロディに乗せた歌です。

でも、この出だしのフレーズだけは、まったくナンセンスではありません。「恋する女はキレイさ〜」には、科学的にも十分な根拠があるのです。

まず、恋愛のパートナーがいると、相手へのアピールを増すために外見に気をつかうようになります。好きな相手といっしょに時間を過ごしているので、笑顔が増えます。笑顔が増えれば、顔の筋肉がうまく使われて、ふだんの表情も魅力的になっていきます。

Chapter 4 恋活

きれいになりたければ、家のあちこちに姿見を置くといいと言われています。恋のパートナーは、この姿見です。相手のために美しくありたいと、誰もが自然に思うようになります。

しかも恋愛のパートナーは姿見とちがって、あなたがきれいだったら、ちゃんと「きれいだね」と口に出してほめてくれます。愛情の見返りももたらしてくれるでしょう。

これが、きれいになることへの強い動機づけになります。そうなると、日常のさまざまな行動が、もっと「きれい」になる方向へ進んでいくのです。

「恋をすると、きれいになれる」は、生物学や医学の観点からも、かなりの程度まで証明されています。

人が誰かにときめいているときには、ＰＥＡ（フェニル・エチル・アミン）という**脳内ホルモン**が分泌されていると言われます。このホルモンには、集中力や快感を増幅する作用があるらしいことがわかっています。恋をしたときに分泌量が増すことから、**「恋愛ホルモン」**とも呼ばれます。

ＰＥＡだけではありません。ほかにも、恋をしている女性の脳内には、肌を美しくするとされるエストロゲンや、生きる意欲を高めるドーパミンが分泌されていること

恋をすると内面から美しくなる

が知られています。

恋愛をすることで増幅されるホルモンの絶妙なバランスが、人を内面からきれいにしていくのです。

セックスも大きな効用があります。適度な頻度でセックスをすることは、アンチエイジングには最高の効果があります。

女性誌でよく、「セックスできれいになる」という特集をやります。たいていは表紙に上半身裸のイケメン俳優が載っていて、このコピーが書かれています。それをみると「セックスできれいになるなんて本当?」と思ってしまいますが、あながち嘘ではないのです。

ときめきながらセックスをすると、先ほど触れたような、女性をきれいにする作用のあるホルモンの分泌が増えることが確認されています。

PEAには食欲を抑えるはたらきがあるという研究結果もあります。ということは、ときめきのあるセックスをしていれば、スタイルがよくなるという効果も期待できるのです。

郷ひろみさんの『お嫁サンバ』は、出だしのワンフレーズで、「恋活」の真理をついていたのです。

【理由3】恋をすると、人にやさしくなれる

恋愛相手がいるということは、自分の価値を認めてくれる人がいるということです。価値を認めてもらえれば、誰でも自分の行動に自信をもつことができます。

自分に自信をもつことが、他者とのかかわりにどれだけ大きく作用するかは、はかりしれません。まず、自信をもてれば、他人の言動に寛容になれます。

自信がないと、相手の言葉や態度が自分をバカにしているように感じてしまうことがあるでしょう。でも自信をもっていれば、相手の言動を冷静に判断することができます。

このように、人との接し方のなかで恋愛が威力を発揮するのは、**恋をしていると、「この世の中に1人、どんなときにも、自分のことを本当にわかってくれる人がいる」と思えるためです。**

ほかの人には通じないことでも、あの人だけはわかってくれる。そう思えば、他人が少しくらいわからず屋であっても、別にどうでもよくなってきます。あるいは、自分が幸せだと感じていれば、人を批判したり、おとしめたりすることがなくなってきます。

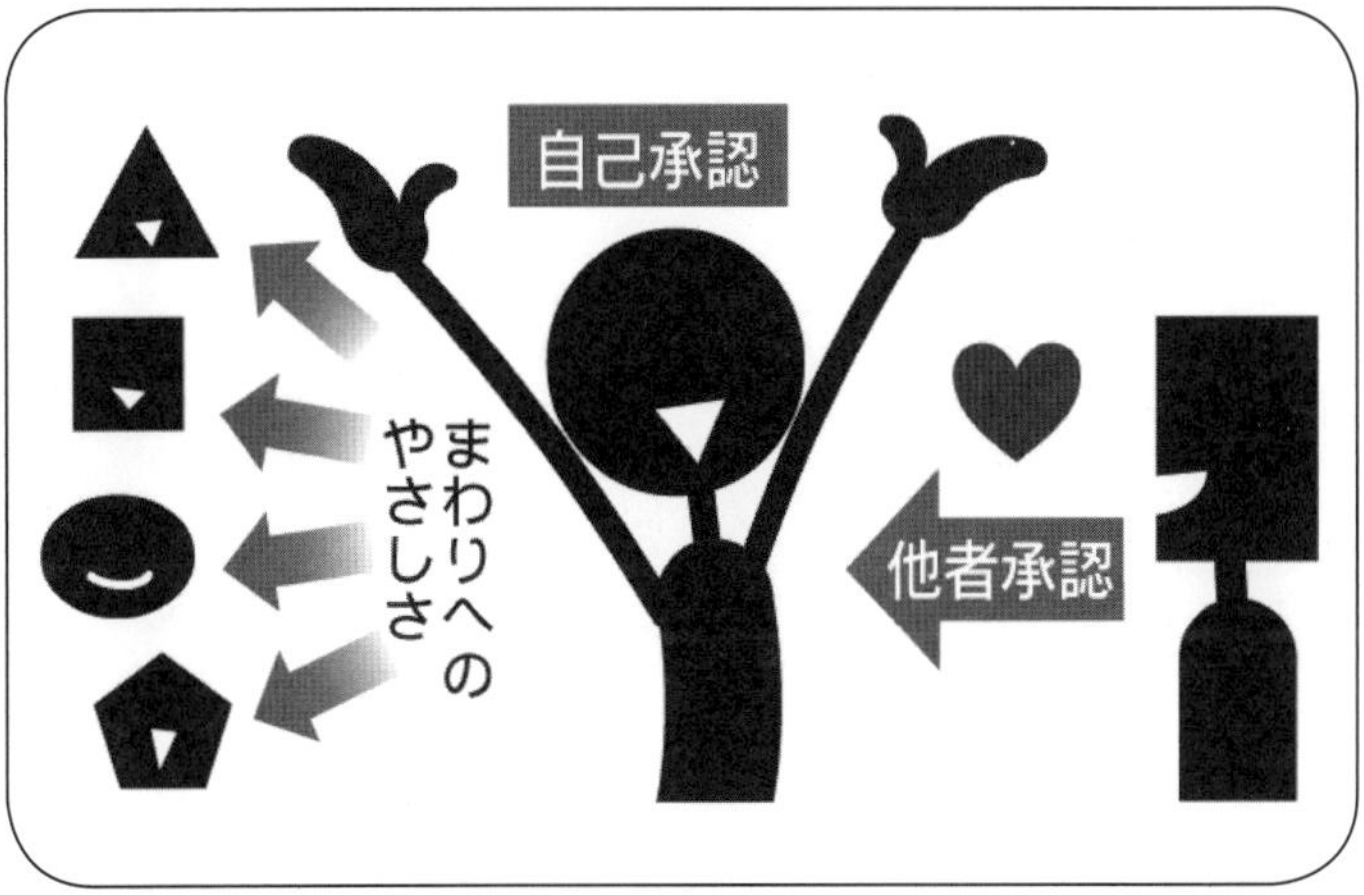

「他者承認欲求」と「自己承認欲求」が満たされる

人は誰でも、自分について「承認欲求」があります。他人から認められたいという**「他者承認欲求」**と、自分をかけがえのないものだと思いたい**「自己承認欲求」**があります。

恋愛ほど、この2つをみごとに満たしてくれるものはありません。恋をしている人は、この欲求が満たされることで、まわりにやさしくなれるのです。

子どもをもった場合にも、承認欲求はかなり満たされるでしょう。しかし子どもをもてるかどうかには、残念ながら、さまざまなタイミングの問題があります。努力すれば高い確率で得られる恋愛相手のほうが、チャンスとしては大きいと言っていいでしょう。

【理由4】恋をすると、もう1つの視点をもてる

「メタ認知」ということばがあります。自分が何かを認知している状態を、さらに第三者の視点から認知することです。

こうした認知ができると、自分自身を冷静にとらえ、自分のこと、自分のすべき決断を、冷静に判断することができます。何か行動を起こすときに、よけいなバイアスをもたずに動けるようになります。

しかし、このメタ認知ができるようになるには、ある程度のトレーニングが必要です。トレーニングした人でも、ときとして感情的になったり、頭に血がのぼったりすると、冷静な判断ができない局面が出てきます。

恋愛は、このメタ認知にも効果を発揮します。「自分を第三者の目でみましょう」と、ただ言われるよりも、心から信頼できる恋愛相手がいて、その人からみた自分を「認知する」ことのほうが格段に簡単なのです。

みなさんも経験があるでしょうが、恋をしていると、自分の姿を「相手からみた自分」として意識し続けることができるのです。

そうなると、自分以外のもう1つの視点を、つねにもてることになります。これは

すばらしいことです。日常のさまざまな場面での意思決定で、視点が1つしかない人に比べて、どれだけ強みになるかわかりません。

【理由5】恋をすると、「無償の愛」を理解できる

恋愛とは不合理なものです。恋をしていると、いつも「相手に喜んでほしい」と思います。「相手のためになるなら、なんでもしてあげたい」と。「無償の愛」と呼んでもいいでしょう。

こんな気持ちになる局面は、私たちの人生のなかで、ほかにはなかなかありません。ふだん私たちは、ビジネスでも友だちづきあいでも、なにかしらの計算をはたらかせています。意識するかどうかにかかわらず、「自分がこれをしたら、相手は何をしてくれるだろう」と、頭のどこかで考えているものです。

ところが恋愛になると、「相手が好きだから、何かしてあげたい」という思いだけになります。何かをしたことで、相手が喜んでくれ、見返りを与えてくれれば、もちろんそれはうれしいでしょう。しかし、たとえ見返りがなくても、相手の喜んだ顔をみたり、感謝のことばを聞いたりするだけで、自分のとった行動は十分に報われるの

です。

だから恋愛は不合理なのですが、裏を返せば、**見返りを求めない行動の大切さを知ることのできる、貴重な経験なのです。**

恋愛を通じて「無償の愛」に気づいた人は、それを恋愛相手以外の人にも振りまくことができるでしょう。愛をまわりに振りまけば、相手も幸せになれるし、なにより自分が幸せになれるのです。その愛を恋愛相手だけにしか向けないのは、とてももったいないことです。

「恋愛至上主義」は、努力を続けるモチベーションになる

私が「恋愛至上主義」を提案するのは、恋がこんなにも私たちにとってプラスになるからです。

寿命も延び、美しくなり、人にやさしくなれる。第三者の視点をもてるから冷静な判断ができるようになるし、「無償の愛」の価値も理解できる。これだけのきっかけ

を与えてくれる経験は、ほかにありません。

では、私たちはどうしたら恋愛ができるのでしょう。言うまでもないことですが、「運命の人」との出会いをただ待っているだけでは、この貴重な経験をすることは望めません。

恋愛こそ、「活」が必要です。

まず、よりすばらしい相手と出会う可能性を広げるための「活」です。すばらしい相手と出会いたければ、自分もある程度は「すばらしい」人間になっていないと、出会いの可能性は低くなってしまいます。そのために、自分への投資を惜しまず、努力を続けなくてはいけません。

自分がすばらしいと思った相手に出会えたときに、相手も自分に魅力を感じてくれる可能性を高めること、これが「恋活」の基本中の基本です。

恋愛について「努力」するというと、たとえば合コンにたくさん参加するといったような、出会いそのものへの努力と勘ちがいされることがあります。けっしてそうではありません。

本当に必要なのは、すばらしい相手と出会えるようなコミュニティに自分が参加できるだけの資格を得るための努力です。さらに、「出会い」のライバルに対して、自

「恋活」のゴールは!?

分が優位に立てるような魅力を身につける努力です。

最近、**「自分磨き」**という表現を使う人が多いようです。自分を高めるという意味のようですが、「磨いた結果、どうなりたいのか」というゴールが漠然としています。

私の言う「恋活」のゴールは、もっと明確です。

いまの自分の長所を伸ばす。それによって短所を補う。そうすることで、すばらしい相手のいるコミュニティへの参加資格に、毎日わずかでも近づいていく。昨日より今日、今日より明日のほうが、より近づいたと言えるようにする。それが本当の「恋活」です。

私が恋愛至上主義を提唱する理由が、も

うおわかりいただけたでしょうか。恋愛ほど努力へのモチベーションを高めてくれるものは、ほかにありません。

「恋活」が実って、すてきなパートナーができても、そこがゴールではありません。相手から継続して愛情を受けられるよう、自分を高める努力を続けていく。それがさらに自分を伸ばすことにつながり、自分の幸せにつながります。

それでも、1人になれる覚悟を

もう1つ、「恋活」で忘れてはいけないことがあります。それは、恋愛がいつもうまくいくわけではないということ、うまくいく恋愛のほうが少ないということです。すばらしいスタートを切った恋愛でも、ハードルが生まれることはもちろんあります。すてきな相手だと信じていたのに、恋愛を始めてみたら、相手が努力をおこたるようになったというケースもあるでしょう。「無償の愛」どころか、相手が「〜してくれ」ばかり言う「クレクレ星人」になってしまった、ということもあるでしょう。

がんばって「恋活」をした末につかんだ相手だと、たとえ「クレクレ星人」でも許したり、我慢したりしたくなるかもしれません。でも、それはあなたにとっても、相手の人生にとっても、明らかにマイナスです。

ここからが「恋活」の次のステップです。まず、2人の関係を理想のものにするために努力をします。

そこでうまくいけばいいのですが、問題は、それでもだめだったときです。

そのときは、どんなに努力してつかんだ恋愛でも、勇気をもって別れを告げる準備を進めましょう。積極的に恋愛をつかもうとする努力と同時に、いつ1人に戻っても大丈夫だという心の準備も積み上げていく、それが本当の「恋活」です。

「恋活」のゴールは、どんなときでも自分で冷静に判断ができる「自立した恋愛」を、重ねられるようにすることなのです。

恋愛はすばらしいものだけれど、いつでも1人になれる覚悟をしておくこと、これが「恋活」の最後のルールです。

恋活とは

出会いを探すことではなく、
理想の相手に近づく「資格」を得る
努力をすること。

婚活

Chapter 5

Chapter 5 婚活

本当の「婚活」の話をしよう

「婚活」――このことばは、本当にメジャーになりました。あまりによく見聞きするので、ずいぶん前からあったような気がしてしまいます。

でも定着したのは、つい最近のことです。きっかけとなったのは、中央大学教授で社会学者の山田昌弘さんが2008年2月に『「婚活」時代』という本を出版したことでした。

山田さんと私は、いっしょに男女共同参画会議の議員を務めたり、どちらも著書の印税寄付プログラム「Chabo!」に参加していることから、よくお話をさせていただいています。

「婚活」ということばが定着してきた頃、山田さんは嘆いていました。「なんだか、合コンの同義語のように使われている」と言うのです。たしかに「婚活をしよう」というときには、出会いの場を求め、もっとデートをしようという意味合いが強いようです。

しかし、山田さんの意図は、別のところにありました。「婚活」ということばに、もっと大きな意味を込めていました。

それは**「これまでと同じような価値観をもっているとなかなか結婚できないので、より時代に合った切り口から結婚の価値を考えて、相手を探していく努力が必要だ」**ということです。

どういうことなのでしょうか。もう少し掘り下げて考えていきましょう。

急カーブで進む晩婚化と未婚化

ご存じのように、日本では少子化が進んでいます。大きな原因は、晩婚化が進んだことと、結婚しない人が増えたことです。

左のグラフをみてください。１９７０年代半ばまで日本の初婚年齢は、女性は24歳、男性は27歳くらいでした。

当時、女性は25歳を過ぎると売れ残ると言われ、クリスマス当日の25日を過ぎると

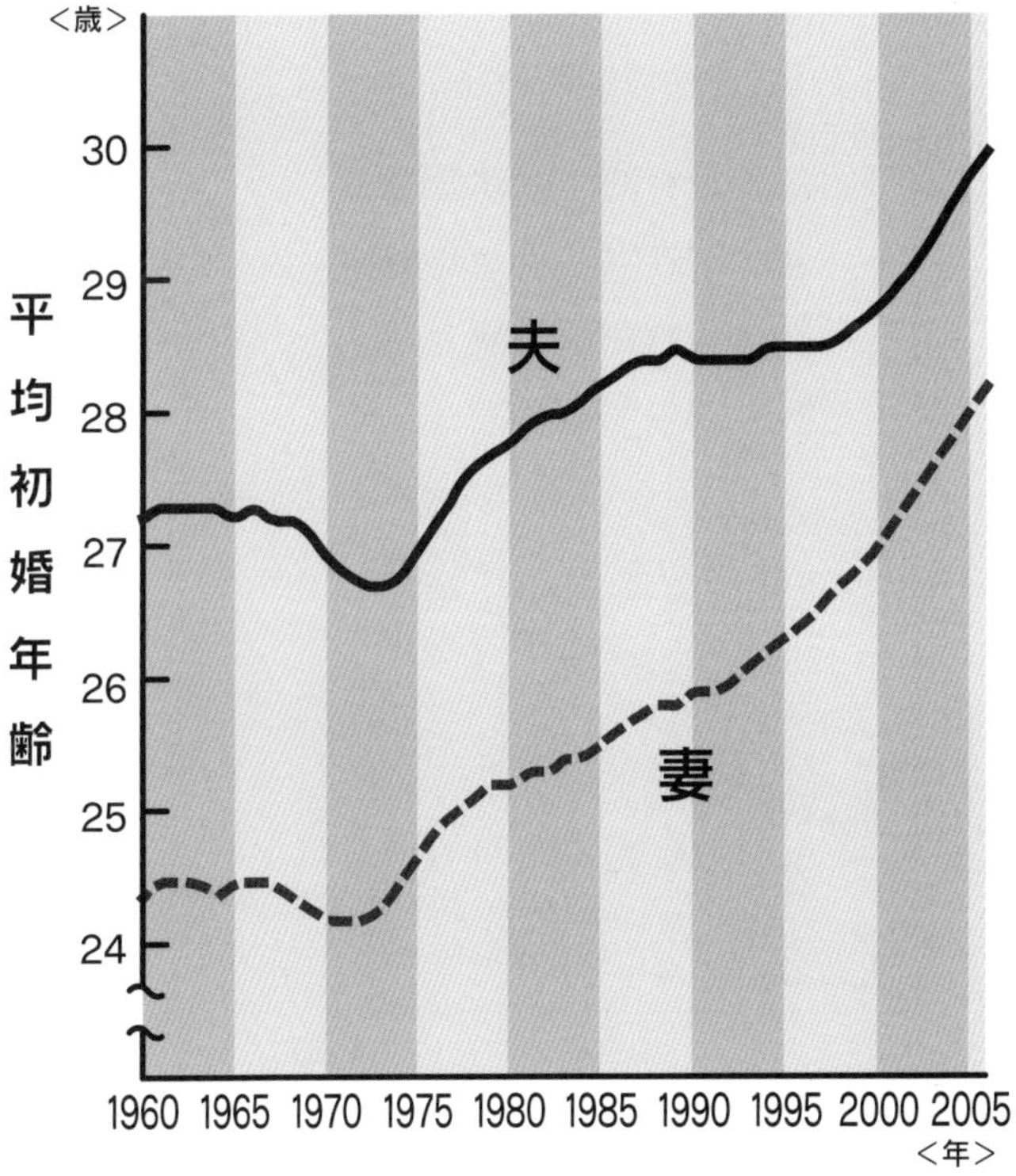

<歳>
30
29
28
27
26
25
24
平均初婚年齢
夫
妻
1960 1965 1970 1975 1980 1985 1990 1995 2000 2005
<年>
資料：厚生労働省（2008年）

こんなに進んだ晩婚化

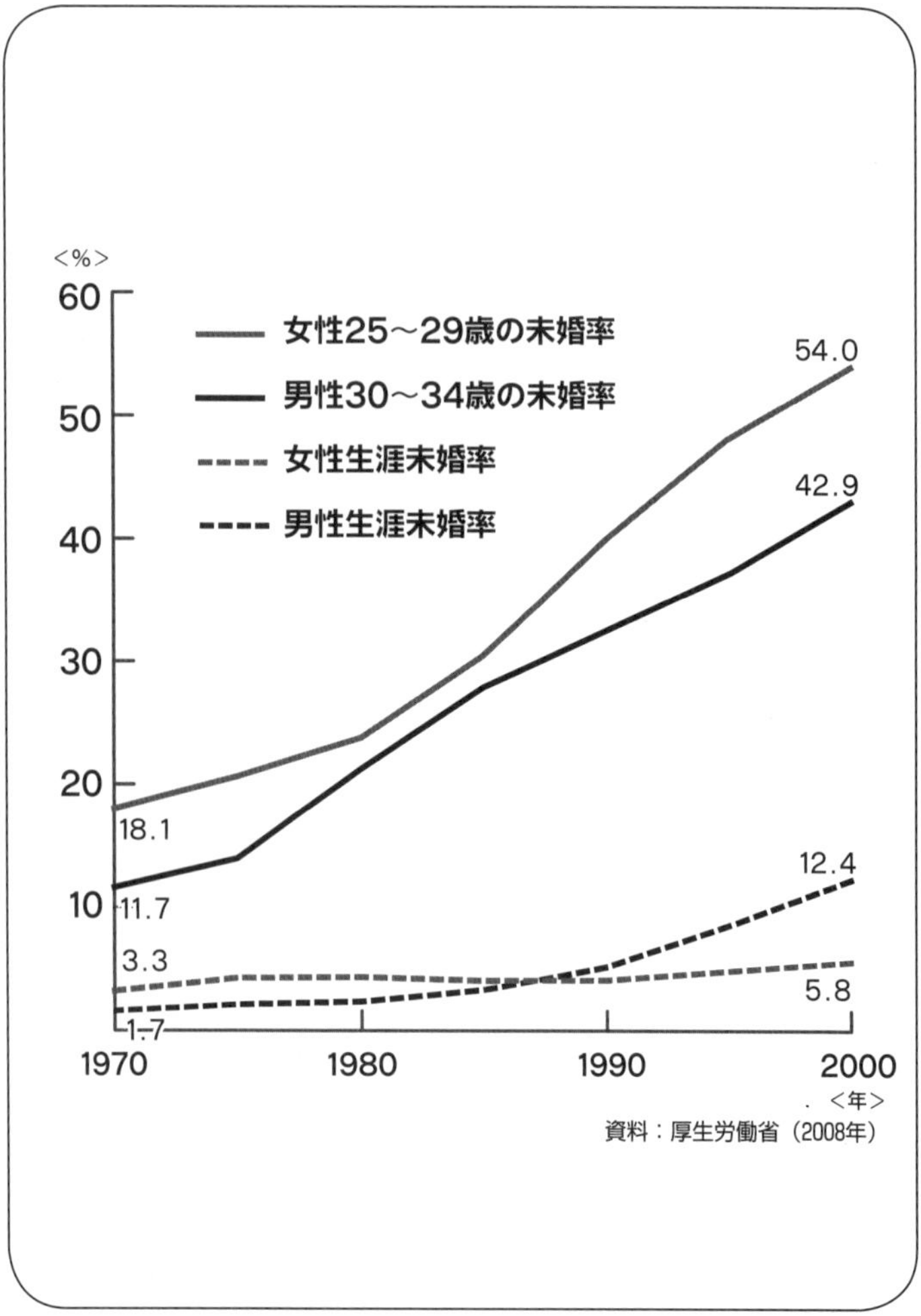

急カーブで上昇する未婚率

安く売られるクリスマスケーキにたとえられたりしました。24歳までは結婚相手にいろいろと条件をつけることができても、25歳を過ぎると自分を「値引き」しなくてはならない、という意味でした。

ところが現在の初婚年齢は、女性が28歳、男性は30歳まで上がっています。「クリスマスケーキ」も、すっかり死語になりました。

晩婚化が進んだだけでなく、未婚率も急上昇しています。右のグラフをみると、結婚しない人が急カーブで増えていることがわかります。

20代後半の女性では、１９７０〜２０００年に未婚率が18％から54％へと3倍に増え、半数以上が未婚者になっています。30代前半の男性の未婚率も、同じ時期に12％から43％へと約３・６倍に増えました。

グラフの下のほうにある生涯未婚率とは、50歳のときに1度も結婚したことがない人の割合です。こちらはそれほど急増していないものの、２０００年には男性で12％を超えています。男女とも生涯未婚率は、これからさらに高くなるでしょう。

結婚年齢が遅くなり、結婚しない人も急速に増えているというこの現実は、何を意味するのでしょう。

ひとことで言えば、結婚の「人気」がなくなっているのです。結婚に対して投資をしても、そのリターンが低いために、多くの人が結婚を遅らせたり、あるいは生涯結婚しない人生を選ぶようになったのです。

結婚は合理的な選択ではなくなった

しばらく前まで、結婚は男女どちらにとっても、いい「投資」でした。次のような経済的効果があったからです。

1　2人で暮らせば、1人分の生活の固定費を減らすことができる。家賃や公共料金、食費など、もろもろのコストを下げられる。

2　子どもという「将来財」に投資できる。子どもが成長すれば、親に対する精神的・経済的なリターンを期待できる。

3　男性よりも収入が低くなりがちな女性は、結婚することによって生活の保障を得られる。

こうした経済的効果が、早く結婚することへの強いモチベーションを社会全体に生んでいました。適齢期とされる若い人たちはもちろんですが、家族や親戚、ときには勤め先や近所の人たちまでが、若い男女を早く結婚させることに一生懸命だったものです。

もちろん結婚には、好きな相手といっしょに人生を歩むことで、精神的な安定を得られるという大きなメリットがあります。しかし、それとは別に、結婚には経済的な計算も大きくからんでいたわけです。

ところが、この3点の経済的効果の魅力が大きく薄れてきました。そのために、晩婚化と未婚化が急速に進んでいるのです。経済的効果が薄れてきた理由は、たとえば次のようなものです。

1　生活の固定費については、1人暮らしが必ずしも割高とは言えなくなってきた。とくに都市部では「お1人さま」向けのサービスが増え、コンビニもいたるところにある。

2　子どもは高い教育費がかかるわりに、安定した就職ができる保証はなくなった。

親にとっては将来的なリターンをもたらしてくれるどころか、「贅沢財」の1つになってきた。

3　女性は収入と社会的地位が上昇し、結婚に頼らなくても生活を安定させることができるようになってきた。その一方で、男性は非正規社員化が進んでいる。「養う男性――養われる女性」という役割分担が薄れている。

経済的な観点からみた場合、結婚は必ずしも合理的な選択とは言えなくなってきたのです。

それでも、結婚のメリットとは？

では、結婚はしないほうがいいのでしょうか。そんなことはありません。結婚から得られる最大の価値は、社会的な成長です。

価値観や性格の違う相手と共同生活をすることで、互いに学びあい、いつくしみあ

子育ては「大リーグボール養成ギプス」

うことができ、社会的成長がうながされます。さらに子育てという共同作業を行うことで、将来を見通し、段階的・継続的に考える視点が備わります。

子育ては「大リーグボール養成ギプス」だと、私は考えています。

大リーグボール養成ギプスはご存じでしょうか。スポ根マンガ『巨人の星』の主人公・星飛雄馬が、豪速球を投げられるようになるためにつけていた全身エキスパンダーです。

飛雄馬は筋肉に日頃から強い負荷をかけて、鍛え続けました。このギプスをとると、筋肉を自由に動かせるので、ものすごい速球を投げられるのです。

子育てもこのギプスのように、私たちの

日常に制約をもたらします。時間の制約、行動範囲の制約、あるいは金銭的な制約も生まれます。

しかし、ギプスをつけた飛雄馬の筋肉が日々鍛えられていったように、子育ては私たちのメンタル力を毎日鍛えます。**やがて子どもが自立するときこそ、私たちが大リーグボール養成ギプスを外すときです。**

ギプスを外した飛雄馬が速球を投げられるのと同じで、私たちは強いメンタル力と、新しく手にした時間を使って、新しい活動をできるようになります。

大リーグボール養成ギプスに効果があるかどうかは、運動生理学からみると疑問の残るところですが、子育てが私たちのメンタル力を鍛えてくれることはまちがいありません。

お金に換えられる価値、換えられない価値

私はよく、「なぜ少子化対策や、若年層の雇用・貧困問題に、そこまで一生懸命に

Chapter 5 婚活

なるのか」と聞かれます。

これには、「自分の子どもたちのため」としか答えようがありません。本当にそれに尽きるのです。子どもたちの将来を、自分の将来と同じように考えられるようになったためでしょう。

ふだんから健康に気をつかっているのも、子どもたちのためです。自分の責任を考えると、病気になどなっていられないと思うからです。

結婚して子どもをもつと、ものの見方と考え方が、まるで魔法にかかったように長期的になります。社会的な責任が芽生えるきっかけにもなるのです。

もちろん、結婚の効用は子育てだけではありません。夫婦や親子の関係が良好であれば、これ以上はない精神的安定が得られます。この安定は、まさにお金には換えられないものです。

結婚には、お金に換えられる価値もあります。結婚の経済的効果の魅力が薄れてきたとはいえ、やはり夫婦で暮らせば収入が安定します。2人とも仕事をしている家庭では、どちらか一方が独立・開業したいと思ったときに、パートナーに安定した収入があれば、決心しやすくなるでしょう。独立して起業した男性には、妻が公務員や教員という例がよくあります。

それでも「婚活」には「時間制限」がある

こうした効用をしっかり意識して結婚を考えるのと、「年齢的にそろそろだから」というだけで出会いの場を求めるのとでは、実際に結婚生活を始めたときに、じつに大きな差がついてしまいます。自分にとっての結婚の価値を考え、その価値観に合った相手を探すこと、そこから「婚活」は始まっています。合コンに出かけることだけが「婚活」ではありません。

しかし女性の場合、「婚活」には厳しい現実が1つあります。結婚の意味を考え、態勢を整える時間に制約があるということです。結婚があとになるほど、妊娠・出産に成功する可能性が低くなるからです。

「美活」の章でも触れましたが、受精したときの着床率は、明らかに若いときのほうが高いのです。小渕優子さんが少子化対策担当相のときに立ち上げた「ゼロから考える少子化対策プロジェクトチーム」に私も参加したのですが、そのときもっとも衝撃を受けた資料の1つが、この着床率の変化でした。

たしかに最近は、高齢出産への支援も充実してきましたたし、不妊治療も発達しています。それでも不妊治療の専門家は「年齢にまさる不妊治療はない」と、口をそろえます。不妊治療を受けるにしても、なるべく若いときから始めたほうが効果は上がります。30代後半になると、どんなにいい治療法でも、成功率はかなり下がってくるのです。

不妊治療は、お金も時間もかかります。成功が保証されているわけでもありません。厳しい現実ですが、確実に子どもが欲しいのなら、早めの結婚が望ましいということになります。

「婚活」と同時に「離活」も始めよう

「婚活」では、もう1つ考えておくべき大切なことがあります。「婚活」を始めるのと同時に、離婚についても考えることです。「婚活」に「離活」も含めるのです。

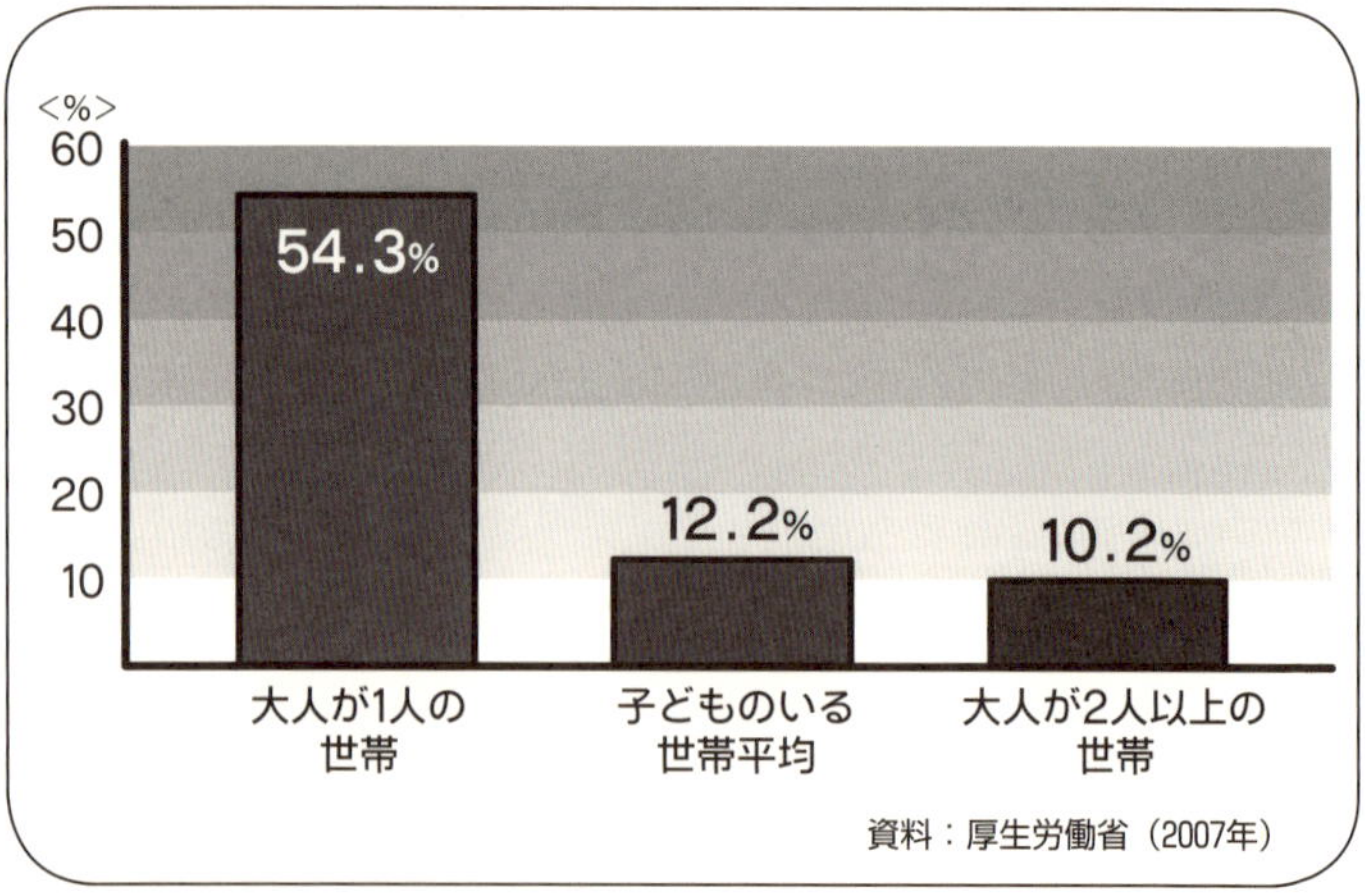

1人親家庭は相対的貧困率が高い

なにも結婚前から、いずれ離婚することに決めようと言っているわけではありません。ただし、どんな結婚にも、必ず離婚のリスクはつきまといます。離婚することになったときにあわてないよう、結婚のときから準備をすべきだということです。

とくに女性の場合、離婚は大きな経済的リスクをともないます。

「相対的貧困率」という指標があります。これは、全国民の所得の中央値（2007年の調査では年228万円）の半分（114万円）より低い人がどれだけいるかを表した数値です。2007年には、子どものいる世帯の相対的貧困率は12・2%でしたが、1人親家庭では50%を超えていました。貧困に陥る家庭の大半は母子家庭です。

母子家庭では、母親が1人で家計と子育てを担わなくてはなりません。離婚した元夫から子どもの養育費を得ている離婚家庭は20％もありませんから、母子家庭の母親はパートの仕事をかけもちするなどして、なんとか家計を支えています。

少し極端な言い方をしてみましょう。**結婚するということは、離婚のリスクを背負うということなのです。**相対的貧困率の数値をみればわかるように、女性にとっての離婚のリスクは、経済的に困窮するリスクとほとんど同じ意味になります。

「婚活」と同時に「離活」も始めようと私が提案するのは、このためです。

相手とすりあわせるべき2つのポイント

「婚活」と「離活」は、コインの裏表の関係です。もっとも効果のある「離活」は、もっとも効果のある「婚活」の要素でもあります。

まず安心して結婚するための環境を整えること、そして女性の場合には継続した仕事をもち、経済的基盤をしっかりさせることです。そうすれば結婚したあとも、あるいは離婚したあとにも、経済的な困窮に陥るのを防ぐことができます。

さらに必要なのは、結婚するときに次の2つの作業を相手といっしょにやっておくことです。

1　結婚に対する価値観を、互いにすりあわせる。
2　結婚の継続条件と終了条件を明確にしておく。

最近は「できちゃった婚」が結婚の4分の1を占めています。「できちゃった婚」はそうでない結婚に比べて、離婚率が高い傾向があります。価値観のすりあわせを終えないうちに結婚にいたったためでしょう。

相手に何を求めるのか。家庭に何を求めるのか。そのなかで、どのような優先順位を考えるのか。時間の使い方をどうするのか。そうした点について、中期的・長期的な変化も考えたうえで合意しておくことが大切です。

それでも、離婚の可能性はゼロにはできません。そのため、たとえ離婚にいたったときにも、お互いが幸せになれるような条件を明確にしておくことが必要になってきます。財産の分け方や親権、子どもの養育費の分担などを、前もって決めておくのです。

「婚前契約書」で信頼関係を築く

アメリカなどでは、こうした条件を結婚前に契約書の形にする「プレナップ」と呼ばれる婚前契約制度が、広く利用されています。

ゴルフのタイガー・ウッズ選手に10人を超える愛人がいたスキャンダルが発覚したとき、夫妻が離婚しなかったのはこの契約があったためだと言われました。ウッズ夫妻はスキャンダル発覚の5年ほど前に結婚したのですが、このとき「結婚が10年続いたら、それ以降に離婚する場合には、ウッズは夫人に2000万ドル（約18億円）を支払う」という契約に署名していたと報じられています。

プレナップは、資産家が財産分与などでもめないために結ぶものとみられがちですが、アメリカでは一般の夫婦の間にも広がっていて、結婚する夫婦の20％は契約書をつくっているとも言われます。日本ではなじみのない制度かもしれませんが、財産関係の婚前契約については、ちゃんと民法で定められています。ただし日本の場合、結婚前に「契約」を結ぶなどと聞くと、「相手のことを信用していないみたいだ」という抵抗感があることも想像がつきます。

しかし、プレナップに盛り込む条項は、お金のことだけでなくてもいいのです。アメリカでは、もつべき子どもの数や、配偶者のウエストの太さの上限、性交渉の頻度まで契約書に盛り込む夫婦がいます。ほかにも、家事の分担や住む場所、結婚記念日の過ごし方など、「契約」に盛り込んでおいていい要素はたくさんあるでしょう。

なによりこの作業を通じて、2人の価値観をすりあわせることができます。それまでわからなかった相手の人生観もみえてきますし、信頼関係をさらに深めることができるでしょう。

「婚活」も「離活」も、一種の経済活動として考えることができます。しかし、もっとも大切なことは、自分と相手、そして子どもの成長から学んでいくことです。自分のやるべきことを考え、結婚と離婚のリスクを小さくしながら、新しい生活にチャレンジしていくことです。

結婚しにくい時代だからこそ、ぜひ「婚活」を始めてほしいのです。出会いの場を求めるだけではない、本当の「婚活」を。

Chapter 5 婚活

婚活とは

合コンに行くことではなく、
結婚に何を求め、
どんな価値観を置くかを考えること。

産活

Chapter 6

Chapter 6 産活

少子化と労働時間の深すぎる関係

この章では、上手に出産するための活動、「産活」について考えます。「上手に出産する」と言っても、「働く女性の賢い高齢出産」だとか、不妊治療の方法だとか、そんな話ではありません。

いま日本は、著しい少子化傾向にあります。日本が子どもを産みにくい社会になっているということです。

社会のなかで、何が子どもを産みにくくさせているのか。その点をしっかり見きわめ、さしあたって自分の生活からは、出産と子育てを邪魔する要素を取り除いていくこと、それが「産活」の出発点です。

まず基本的な数字をみていきましょう。国際統計をみると、女性１人が産む子どもの数を示す合計特殊出生率には、地域によって大きな特徴があります。

日本や韓国など東アジアの国は、１・２〜１・３という低さです。イギリス、フランスなど西ヨーロッパでは、多くの国が1・8〜1・9。アメリカは2・0を超えています。アメリカの出生率はヒスパニック系が押し上げているのですが、白人の出生率も1・8を超えています。

この差をもたらしているのは、それぞれの社会が子育てにかけているお金と時間です。いまの日本には、この2つが決定的に足りません。

お金について言えば、出生率を高めるうえで最大のネックになっているのが高い教育費です。教育費が高いから、子どもは1人でいい、1人で精一杯ということになっているのです。

東アジアの国は一般的に教育熱心です。子どもが生まれたら、手間もお金もかけて、いい教育を受けさせようとします。こうなると、子どもはたくさん産めません。人間というのは、合理的なことしかしないものです。東アジアの出生率が低いのは、子どもは少なく産み、お金をかけて、いい教育を受けさせることが合理的だと考えられているためです。

子育てとお金の間には深い関係があります。いまでも高所得層は、それなりに出生率が高いのです。一方で、妊娠中絶は日本全体で年に25万〜30万件もあります。生まれてくる子どもが年間約107万人なのに、生まれなかった命がこんなにあるのです。

子どものいる家庭への手当を増額し、教育費を抑えれば、状況は必ず変わります。

いまペットを飼う人が増えている背景には、少子化も大きくからんでいるとみることもできます。ある調査によれば、ペットとして飼われている犬と猫の合計は、2006年に15歳未満の子どもの総数を超えました。飼う場所も、屋内が圧倒的に多くなっています。ペットに服を着せ、保険をかけ、カフェにも一緒に連れていくなど、ペットを家族のように、とりわけ子ども同然に扱う人が増えています。

ペットが子どもの代償物になっている部分がないとは言えません。子育てに比べれば、ペットを飼うのは楽ですし、お金もかかりません。**なにより、ペットには教育費がかかりません。**

少子化の流れを推し進めているもう1つの要素は、長い労働時間です。国際比較の統計をみると、**日本は多くの国に比べて労働と通勤の時間が非常に長く、睡眠時間が短いのです。**セックスの回数も少なくなっています。これでは、子どもを産んで育てろというほうが無理というものです。

次ページの表に、先進国の出生率と週労働時間を並べてみました。出生率の低い東アジアの国・地域は労働時間が長く、出生率が高めの西ヨーロッパやアメリカは労働時間がそれほど長くない、という傾向が明確に読み取れます。日本でも「もっとも働

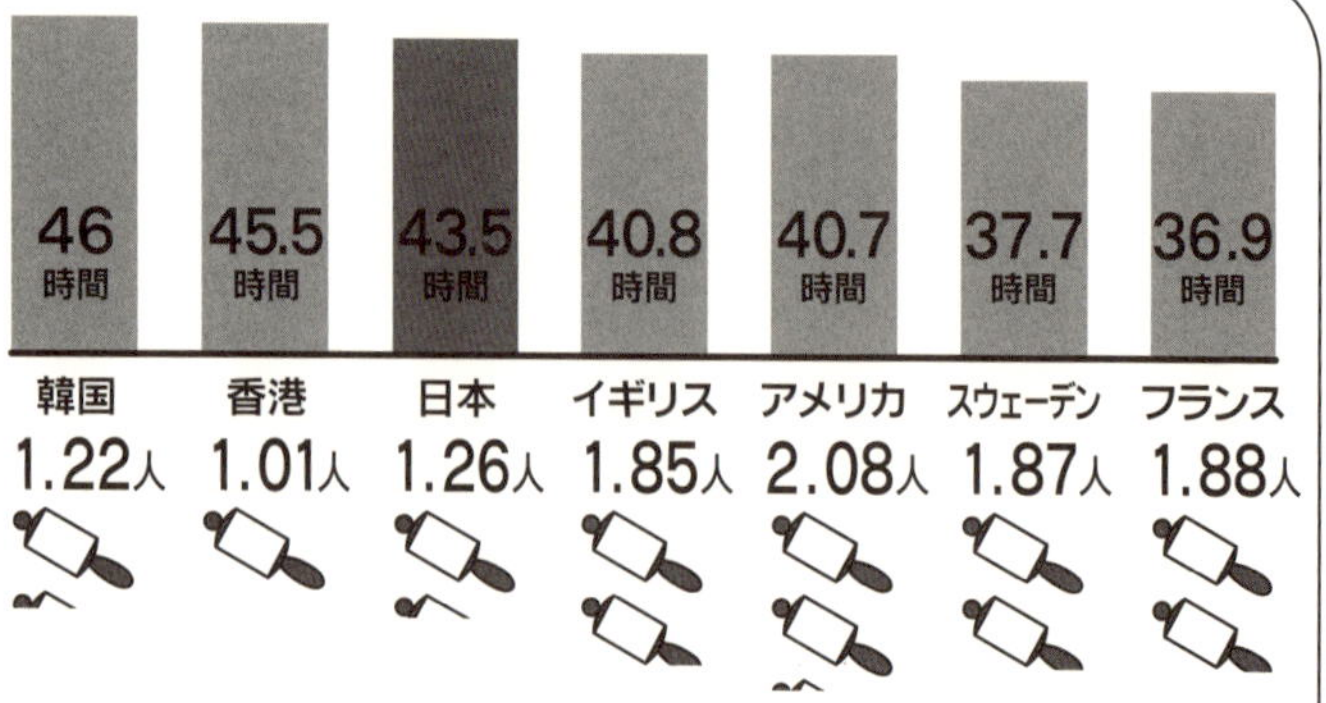

資料：『世界人口白書』(2009年)、労働政策研究・研修機構

先進国の出生率と週労働時間

きすぎの地域」と言える東京都の出生率は、2008年の数字で1・09と全国最低になっています。

日本人の労働時間は、ただ平均が長いだけではありません。左ページの図にあるように、週に50時間以上働いている人の比率が、先進国のなかで断トツに高いのです。

週50時間というと、1日にならせば2時間の残業ですから、それほど長いとは感じない方が多いかもしれません。しかし国際的にみれば、1日平均2時間の残業を「長いとは感じない」ことのほうがおかしいとわかります。

このお金と時間の2つを、いま手元にあるものだけ投入していたら、現状のように、子どもが年間107万人しか生まれないと

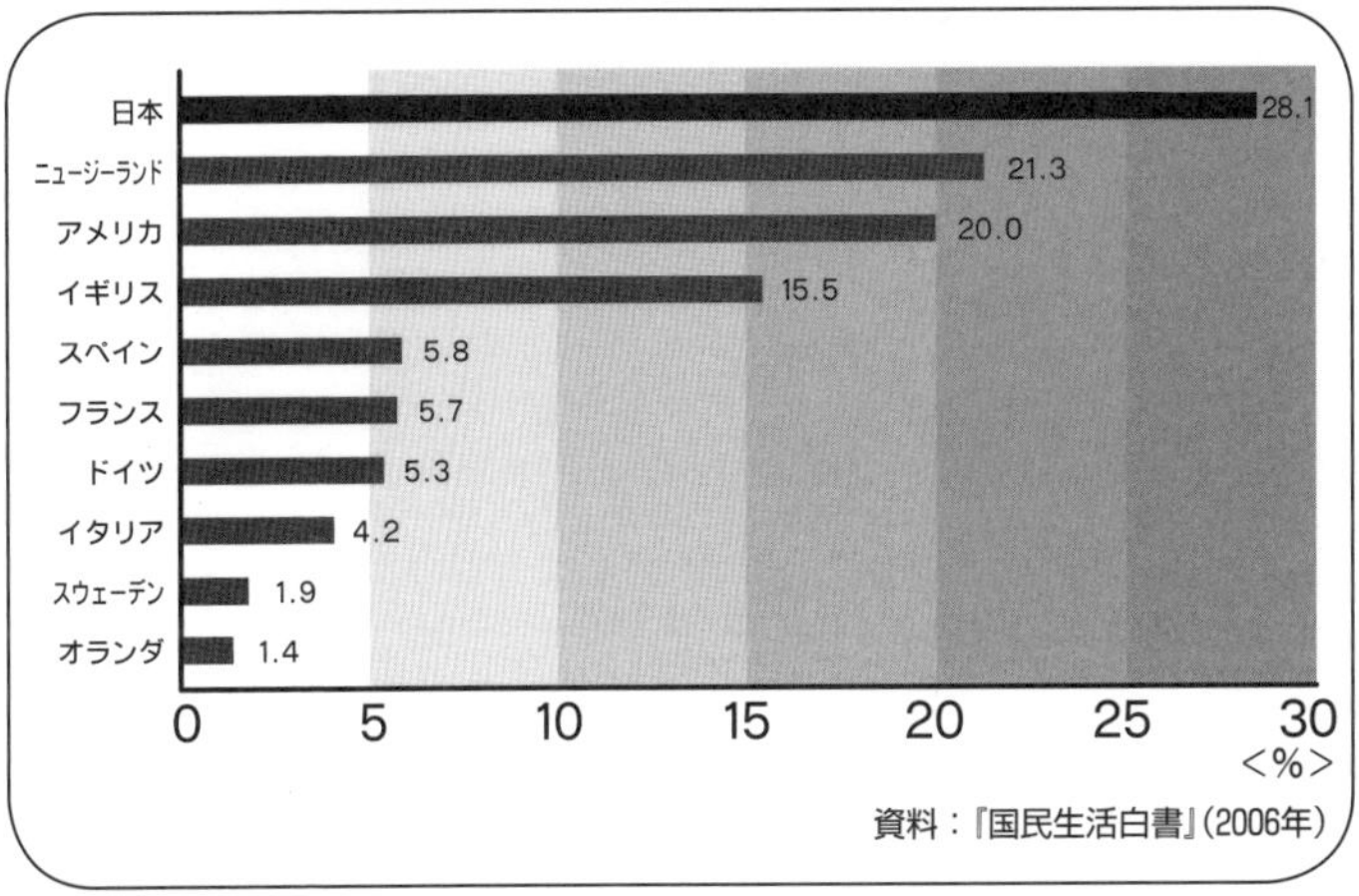

週に50時間以上働く人の比率

いうことになるのです。昔のように年200万人が生まれるようにしたいなら、それなりのお金と時間を、国全体でつくり出さなくてはいけません。

ところが日本の問題は、そのための制度を整えるべき政治家が長時間労働に励んでいることです。官僚も日常的に深夜残業をしており、タクシー券の使い方が問題になるほどです。

そんな働き方をしていては、少子化への効果的な対策など打ち出せるはずがありません。労働時間を減らす方法を考えるために残業しても、まともなアイディアは出てきません。**少子化問題解決の最大の敵は、長時間労働を信仰するオヤジたちです。**

少子化対策のために、制度の充実を急ぐ

べきなのはもちろんです。私も政府や行政に、今後もできるかぎり、はたらきかけをしていくつもりです。

しかし残念ながら、少子化につながっている問題が一気に解決することは望めません。ベクトルがなんとか上向きになるように、少しずつ努力を続けていくのが精一杯です。制度が改善されて、私たち1人ひとりがその利益を感じられるようになるには、まだまだ時間がかかります。

そこで自己防衛が必要になってきます。それが「産活」です。子どもを産むために必要な環境を、自分自身でできるだけ整えることが必要なのです。

「産活」の柱を3つあげてみましょう。

【産活の柱1】長時間労働をしない

まず重要なのが、仕事の選択です。

先ほどみたように、出生率と労働時間の間には、深い関係があります。個人のレベルでは、出産・子育ての邪魔をする長時間労働と長距離通勤を避けることが必要です。

これから就活をする人は、会社説明会やOG訪問で、女性社員の居心地がいいかどうか、残業はどのくらいあるのか、子育てをしている女性社員への支援態勢はどうなっているかなどを、ちゃんと確認しておきましょう。

これまで日本の企業では、「残業はいくらでもオーケーです」という「滅私奉公」の姿勢を示すことがよしとされていました。採用される前に「残業はたくさんありますか？」などと聞けない雰囲気が色濃くありました。

でもこれからの時代、企業がそんな姿勢を続ければ、実力のある女性をほかにとられることになります。妊娠した女性に肩たたきをするような企業には、誰も寄りつかなくなっていきます。

企業も意識改革を迫られているわけですが、いま本当に働きやすい環境を整えているかどうかは、企業によってまったくちがいます。**「とりあえず入って、あとでなんとかしよう」という姿勢でうまくいくほど、企業は甘くありません。**

これから就活をする人は、ぜひこの点を強く意識してください。リサーチを早く始め、綿密に進めることが必要です。

でも、「残業の多い会社にもう入ってしまった」という人も多いでしょう。本当にいまの仕事で余計な時間が奪われているなら、本気で転職を選択肢に入れるべきです。

企業から企業への転職にこだわらず、専門職をめざすのも手です。

会計士、税理士、弁理士など「士」のつく職業は、自由裁量で働ける部分が大きく、労働時間を自分でコントロールしやすいという利点があります。この点は出産をしてもしなくても、生活のなかで必ず大きくものをいいます。

もう1つの手は、自分で仕事の生産性を上げて、長時間労働をやめることです。日本社会はお金の無駄づかいには厳しいのに、なぜか時間の無駄づかいには寛容です。これに流されてはいけません。仕事の目的は成果を出すことであって、まわりに合わせて長く働くことではありません。

時間は私たちの最大の財産です。失った時間は戻ってきません。いたずらに時間が労働に食われているのなら、出産・子育てのために仕事を選び直すべきです。

【産活の柱 2】パートナーを慎重に選ぶ

「産活」を進めるうえで仕事選びと同じく重要なのが、パートナーの選択です。自分の時間をつくり出すためにも、慎重に選ばなくてはいけません。

共働きカップルの男性に多いのは「きみが仕事をしたいなら続けていいよ」と言い

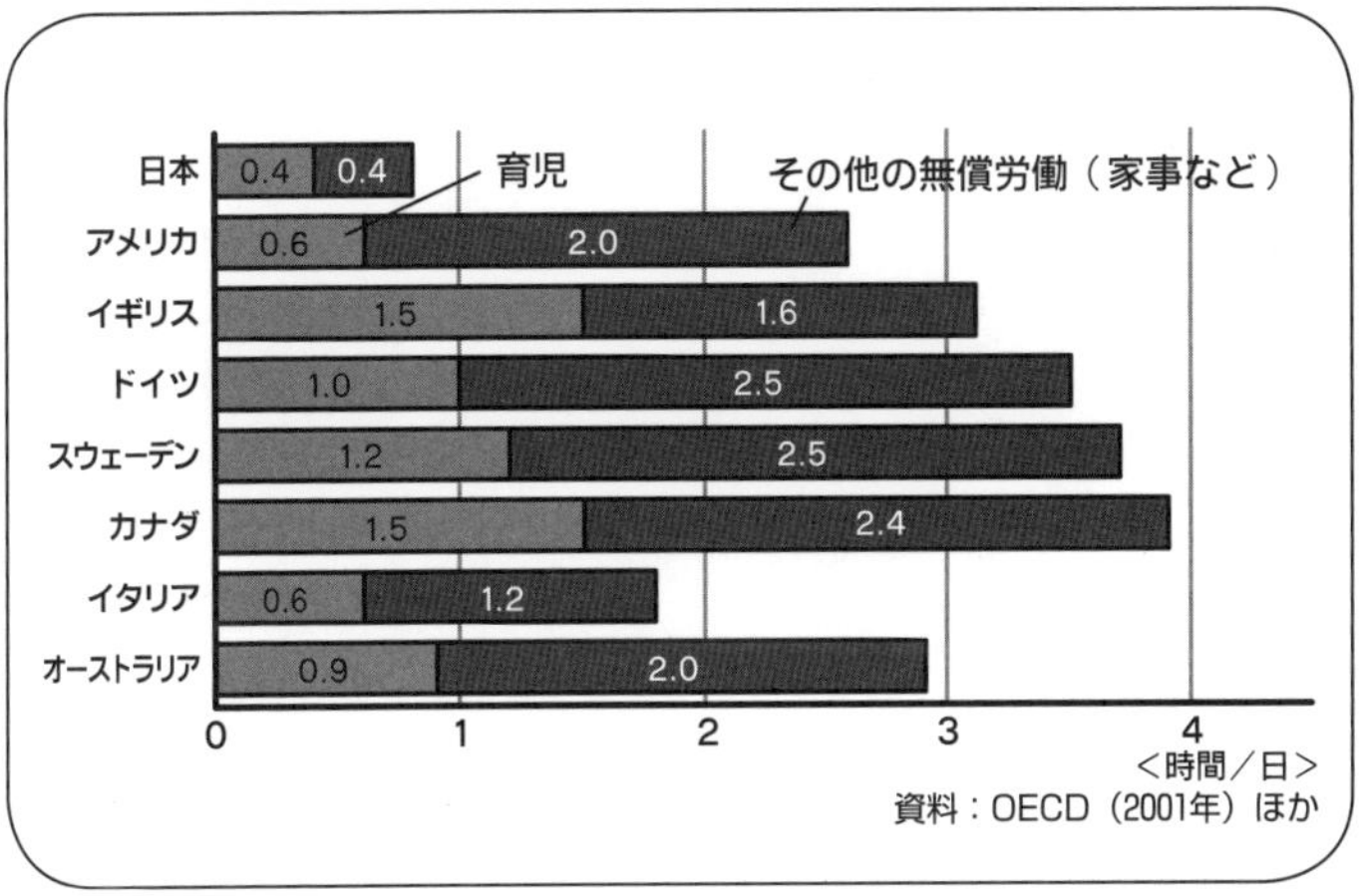

男性の家事・育児時間

ながら、家事も育児もしないタイプです。ある意味では、このタイプがいちばんやっかいです。パートナーが仕事をすることに理解があると本人は思っているし、その気持ちを口にもします。しかし、どうにもからだが動かないのです。

上のグラフは、5歳未満の子どものいる家庭で、男性が育児と家事に割いている時間の国際比較です。日本の男性が育児と家事に費やす時間は、1日平均でそれぞれわずか20分程度です。日本人男性の家庭での労働時間が、世界でも最低水準にあることがわかります。

もし家事と育児それぞれに1日20分しか使わない男性をパートナーに選んだら、育てられる子どもは、まちがいなく1人が限界です。

ここでおすすめしたいのは、「自走式」の男を見つけることです。「洗濯機まわして」と言わなくても自分でまわす男、汚れた食器があったらすぐに洗う男です。

こういう動作は女性にとってはごく自然なものですが、多くの男性はまだまだできません。「洗濯機まわして」と言ったらまわすかもしれませんが、それではだめなのです。洗濯機をまわすだけで、「洗ったものは干さなくてはいけない」というところに頭がまわらない男も困ります。

最悪なのは「俺のパンツ、どこ?」と聞く男です。自分のパンツがどこにあるかも知らないのは、大人としてどうかという話です。

「自走式」の男は、日本ではまだ少数派です。しかし、ちゃんと探せば絶対に見つかります。こちらも早めのリサーチがおすすめです。**これからの時代、男性も自分から「自走式」をめざすことが、モテる近道になるはずです。**

しかし、「『俺のパンツ、どこ?』と聞く男とうっかり結婚してしまった」という人もいるでしょう。その場合は「再教育」を試みましょう。

でも35歳になって「俺のパンツ、どこ?」と言っている男は、なかなか変われないものです。再教育してもだめなときは、次善の策として、食器洗い機を買ったり、家事をしてくれる人を雇うなど、家事負担をできるだけ減らす方法を考えるべきです。

【産活の柱 3】スリムになりすぎない

「産活」の最後の柱は、からだに関することです。

日本では、生まれてくる赤ちゃんの体重が、どんどん軽くなっています。双子などを除いた単産の赤ちゃんの平均出生時体重は、1980年には3200グラムでした。それが年を追うごとに減り続け、2004年には3030グラムになっています。驚くことに、いまの赤ちゃんの出生時体重は、まだ戦後の食糧難を引きずっていた1951年よりも軽いのです。

昔から、赤ちゃんは「小さく産んで、大きく育てる」のが望ましいと言われてきました。しかし、小さく産んだ赤ちゃんが本当に大きくすこやかに育つかどうかには、疑問符がつくのです。

出生時の低体重には、いくつもの大きなリスクがあります。まず、健康面です。研究によれば、生まれたときに低体重だと、大人になってから心臓病や糖尿病、高血圧などの生活習慣病にかかりやすいことがわかっています。

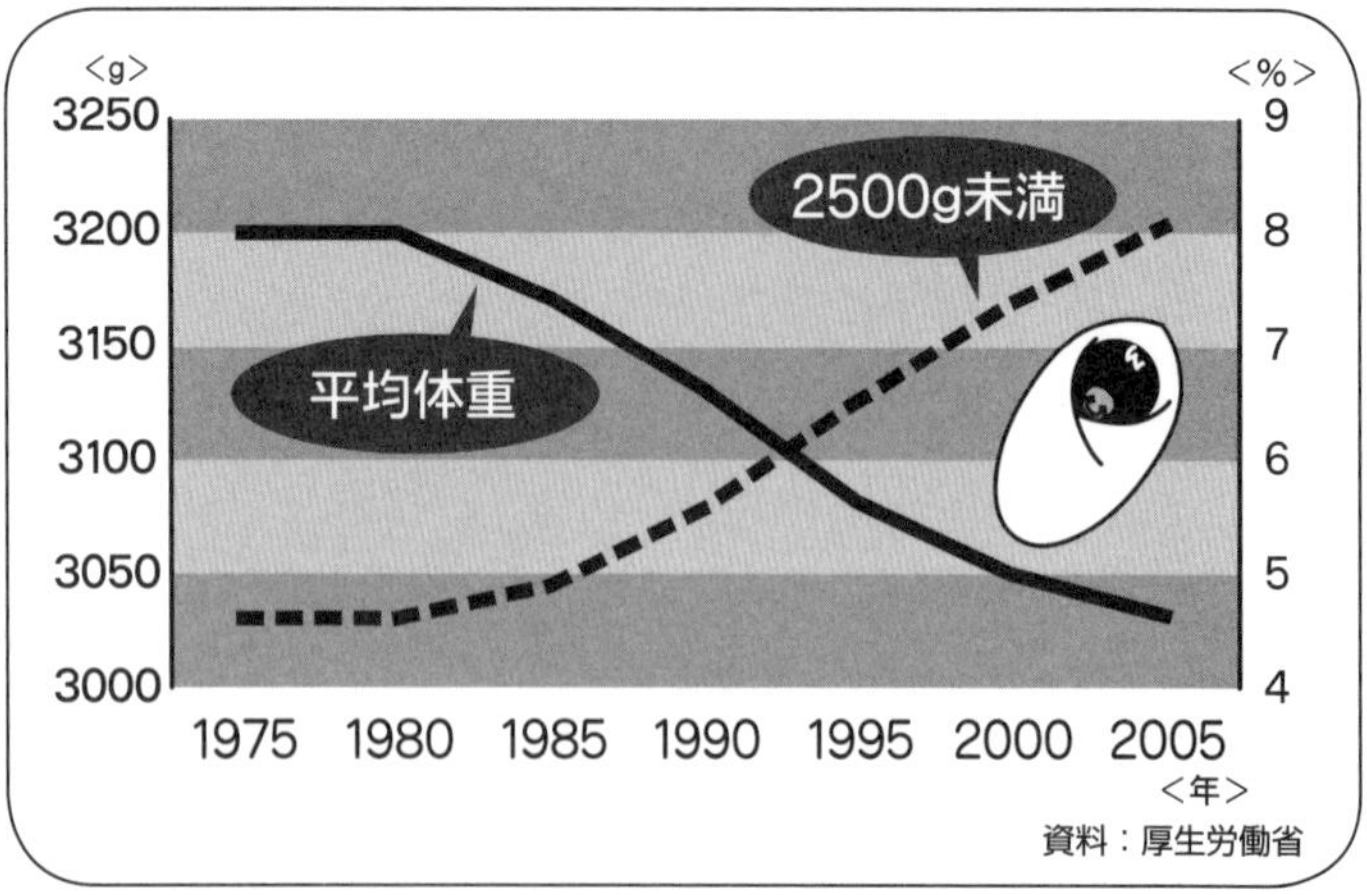

出生時の平均体重は軽くなり、2500g未満の赤ちゃんが増加

これは、胎児の間の栄養状態が悪いため、飢餓状態になっても耐えられるよう、体内に脂肪を蓄積しやすい体質がプログラムされるためだと言われます。しかし、生まれたあとに待っているのは、食べ物のあふれる「飽食の世界」です。飢餓に備えてプログラムされた体質が、栄養を過剰に蓄えてしまい、メタボリック・シンドロームにつながりやすくなるというのです。

さらに、健康がすぐれないと、経済状態にも影響が出てきます。最近の研究では、出生時の低体重と大人になってからの所得の低さに、相関関係があることがわかってきました。

家庭環境は一定で、出生時体重だけがちがうと、子どもの将来の所得がどうなるか

Chapter 6 産活

を分析した研究があります。ノルウェーの双子のデータを使って行われたもので、出生時体重が10％重いと、将来の所得が1％高くなると推定できるとしています。**生まれたときの低体重は、不健康と低所得につながる可能性があるのです。**

赤ちゃんの低体重化の大きな要因は、若い女性のやせ志向です。

いまの女性たちはもともとスリムなうえに、妊娠しても太りたくないという思いを強くもっています。母親が低体重なのですから、生まれてくる赤ちゃんが小さくなるのは当然です。

ダイエットは、女性にとって強迫観念になっています。しかし、スリムになることにはいい面と悪い面があり、そのバランスのとり方が問題になります。

ご存じの方も多いでしょうが、肥満度を示すボディ・マス・インデックス（ＢＭＩ）という指標があります。おさらいしておくと、ＢＭＩは、

BMI＝体重（kg）÷身長（m）²

という式で計算します。

ＢＭＩをもとにした肥満の判定方法は、国によって異なります。ＷＨＯ（世界保健

機関）では、ＢＭＩ25以上を「標準以上」、30以上を「肥満」としています。日本肥満学会ではＢＭＩ22を「標準体重」としており、25以上を「肥満」、18・5未満を「低体重」としています。

しかし最近は、ＢＭＩが22の女性でも、「ダイエットしなきゃ」と思ってしまいます。ＢＭＩ21〜22くらいがいちばん長生きするという統計もあるのですが、社会の空気がもっとスリムなからだを「美しい」と定義しているため、ＢＭＩ19くらいをめざしてしまうのです。日本肥満学会の基準に照らすと、この数値は「低体重」目前ですから、あまり好ましいものではありません。

「生物学的な美」が「文化的な美」に負けているのです。健康に暮らし、丈夫な子どもを産むための美しさより、文化的につくられた美の基準のほうが強くなってしまっています。

モデルやタレントがスリムなのは、それが仕事に必要だからです。それなのに、多くの女性が彼女たちの体型をめざしてしまいます。

男性が女性をみる目も、「文化的な美」に影響されています。

いくらＢＭＩ22が健康だといっても、20や19の女の子がいれば、ついそちらに目が行ってしまいます。以前なら自分の子どもを産む女性を選ぶときには「胸が大きい」

「お尻が大きい」という、生殖にプラスになるものを重視する目が人間には自然と備わっていました。**仮に石器時代にＢＭＩ19の女性がいたら、男性に見向きもされないどころか、病気だと思われたことでしょう。**

そのように、生殖のために人間に備わっていた本能的な目が、文化の力によって大きく変わってきたのです。「文化的な美」の基準と健康を切り離して考え、ダイエットをするにしてもバランスよくすることが必要です。

赤ちゃんの低体重化は、出産に関する正しい知識と情報が足りないために起きています。

低体重児はリスクが高いという正しい情報を、もっと流さなくてはいけません。受け取る側も、出産について正しい情報を選び取る目をもたないといけません。

晩婚化がこれだけ進んでいるのに、健康な妊娠についての情報も十分とは言えません。専門家のなかには避妊教育だけでなく、「妊娠教育」を充実させるべきだという声があります。

30歳前後で未婚だけれど、いずれは子どもが欲しいと思っている方は、歳をとってからの自然妊娠のむずかしさについて、ぜひ正しい情報を手に入れてください。

子どもをもつと、人生の優先順位が変わる

家庭をもつことは、小さな社会をつくることです。

とくに子どもをもつと、他人や会社との距離感が変わります。人生の優先順位が大きく変わり、仕事にも過剰にのめり込まなくなります。ほかにもっと大事なものを手にしたからです。みなさんのまわりで、長時間労働をしている幹部社員のなかには、独身の人が多いのではないでしょうか。

社員が子どもをもつことは、企業にとってもいいことのはずなのです。会社への執着は、現状への執着につながります。そうすると、変革が遅れます。30代後半から40代前半の独身社員は、企業の変革を阻む勢力になりがちです。

子どもをもつと、人生に柔軟性が生まれます。そのためにも、出産と子育てに必要な時間と健康を、しっかりつかみ取ってください。

そのために払った努力は、子育てがあなたに与えてくれる見返りによって、必ず報われます。

Chapter 6 産活

産活とは

不妊治療をすることではなく、
出産・子育てに必要な
時間と健康を確保すること。

住活

Chapter 7

Chapter 7 住活

買うべきか、借りるべきか

住まいは、私たちの暮らしのなかで、もっとも大切なものの1つです。

住まいが貧弱だと、毎日の生活がさびしくなります。かといって、お金をかけすぎると、ほかの生活費を圧迫してしまいます。とくに多額の住宅ローンを組んでしまうと、生活のさまざまな部分がローンに縛られ、気苦労が増えかねません。

住まいをどう考え、どのように手に入れるか。この点は、私たちの人生で大きな選択です。住まいについても、情報を入手し、考え方の枠組みをつくり、行動することが大切になってきます。

住まいを考えるための活動、「住活」を始めましょう。私たちにとって、どんな住まいが必要か、どんな入手方法がいいのかを、考え直してみましょう。

まず誰でも気になるのが、「住まいは買うべきか、借りるべきか」でしょう。

それぞれのメリットとデメリットを簡単に書くと、こうなります。

●買った場合

メリット――よけいな資本コストを払わなくていい。

デメリット――ローンの金利がかかる。不動産価格が下落すると、大きく損をするリスクがある。

●借りた場合

メリット――不動産価格の変動リスクを負わなくていい。

デメリット――家主に家賃を払わなくてはならない。

一長一短にみえます。どちらにもメリットがあり、リスクもあります。どちらが得だとは言いきれないかもしれません。

しかし、とくに日本では、これまで「賃貸は持ち家を買うまでのつなぎ」という風潮がありました。「若いうちは賃貸でも仕方ないが、やはり家をもってこそ一人前」という空気があったように思います。

そのような空気がつくられてきたのは、次のような理由からでした。

1　1980年代までは地価の上昇率がローン金利を上まわっていたため、ローンを借りられる人には住まいを買うことが資産形成にもなった。

2　世帯数が増えていたため、売りたいときには売ることのできる市場の需要と流動性が保たれていた。

ローンを組める人だったら、ローンを使って住まいを買ったほうが得だったのです。あとで住まいを買い換えたくなったときにも、それなりの買い手はたいてい見つかりました。ローンを返済しても、おつりがくるような値段で売ることもできました。

政府も持ち家をあと押ししてきました。

新しく住まいを建てれば、耐久消費財などの買い換えも含めて、需要の先取りにもなります。そこで政府は、住宅金融公庫（現・住宅金融支援機構）を通じて低金利のローンを用意したり、住宅ローン減税を行ったりと、さまざまな手段で持ち家購入を奨励しました。こうして日本には、あの手この手で「持ち家信仰」がつくられていったのです。

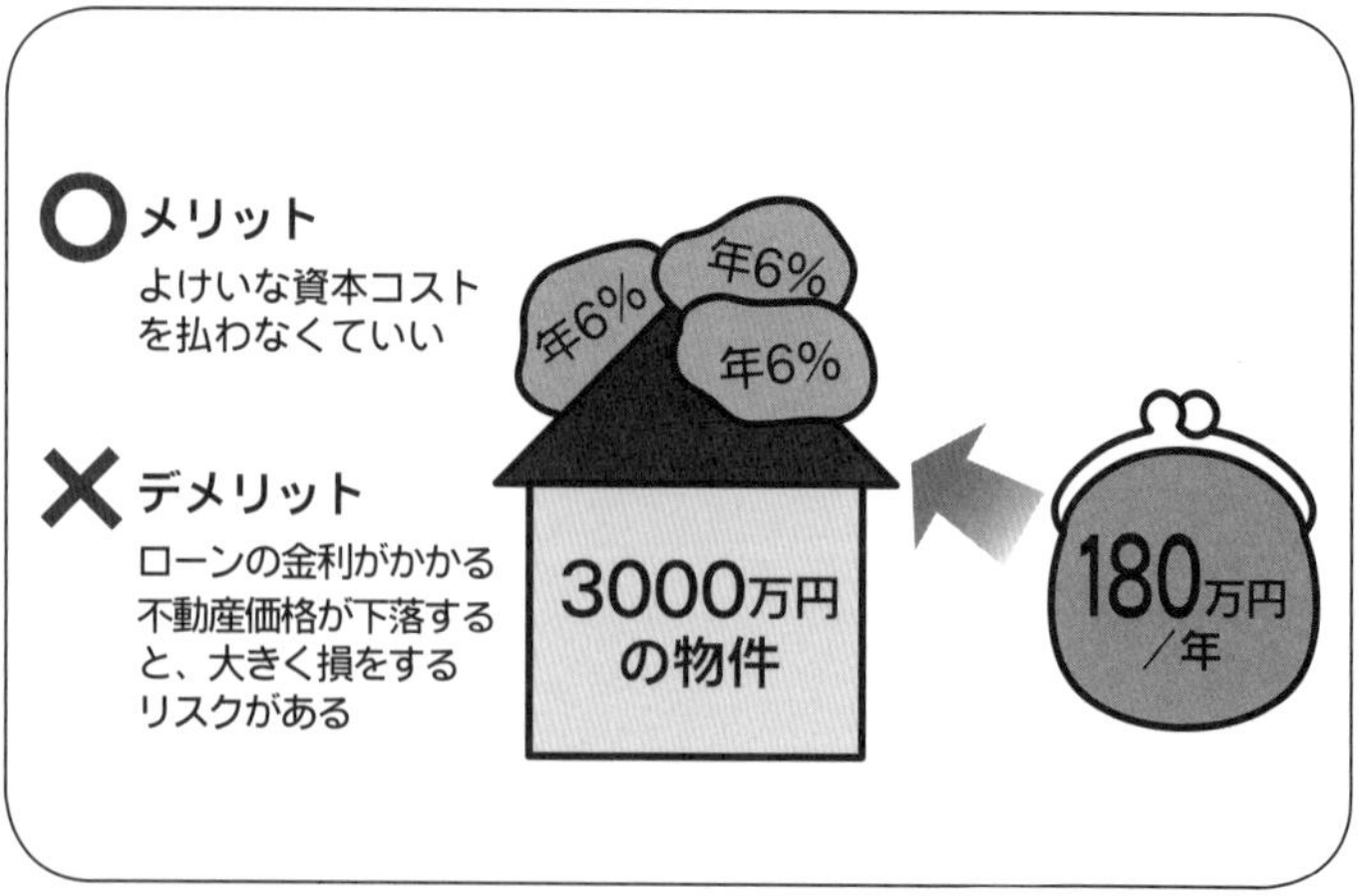
メリット
よけいな資本コストを払わなくていい
デメリット
ローンの金利がかかる
不動産価格が下落すると、大きく損をするリスクがある
年6%
年6%
年6%
3000万円の物件
180万円／年

住まいを買った場合のコスト

しかし、時代は変わりました。1990年代のバブル崩壊と、2000年頃から本格化した少子高齢化、さらにデフレの長期化によって、住宅をめぐる環境は大きく変化しました。

地価が上昇するのがふつうだった頃は、持ち家のコストはただだと言ってもよかったかもしれません。しかし最近は、たとえローンの金利が2%だとしても、地価が年率4%も下がっています。**金利の2%分と不動産の値下がり率4%分の、計6%のコストが、持ち家にのしかかってくるのです。**

具体的な数字でみてみましょう。

年収600万円の人が、3000万円の住まいを全額ローンを組んで買ったとします。わかりやすく単純計算すると、毎年の

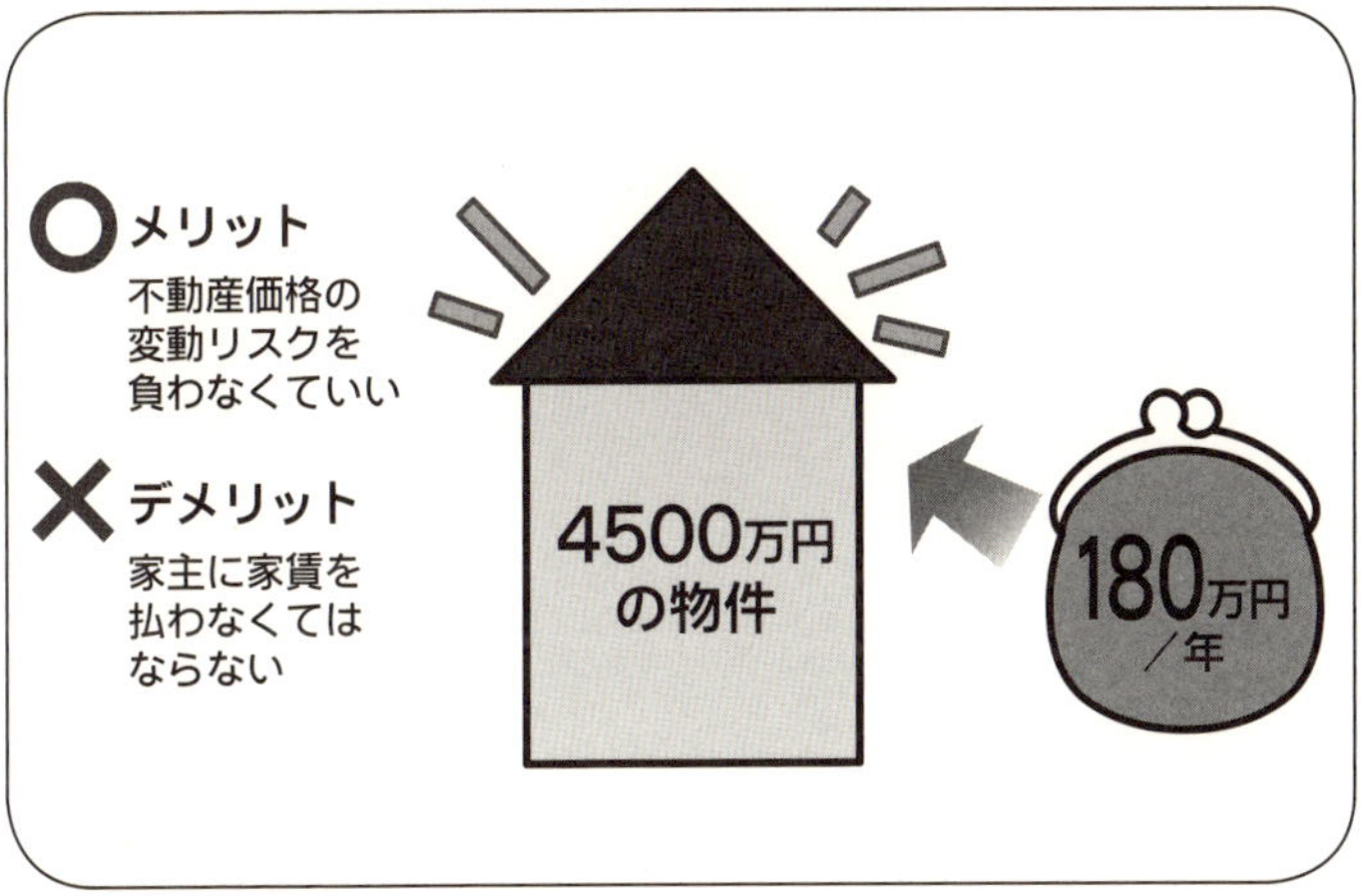
メリット
不動産価格の変動リスクを負わなくていい
デメリット
家主に家賃を払わなくてはならない
4500万円の物件
180万円／年

住まいを借りた場合のコスト

ローン金利は３０００万円×２％＝60万円です。さらに、住まいの市場価値は年に４％落ちています。３０００万円×４％＝１２０万円ずつ、価値が下がっているのです。

この２つを合わせると、年間１８０万円ですから、１カ月に15万円の負担になります。企業に勤めていて年収が６００万円なら、月々の手取りは40万円弱でしょう。15万円の負担は、かなり大きなものです。これが、いまの経済状況のもとで住まいを買った場合のコストです。

では、月額15万円の予算で住まいを借りる場合はどうでしょうか。おそらく、市価３０００万円よりもグレードの高い住まいを借りることができるでしょう。

ローンを組む必要のない人が不動産運用

をするときには、年率4〜5%のリターンをねらうものです。年間180万円の家賃収入が4%のリターンに相当する不動産物件は、180万円÷4%=市価4500万円ということになります。月額15万円で4500万円の住まいを借りられるわけです。

同じ年180万円のコストでも、買った場合には3000万円の住まいしか手に入れられませんが、借りれば4500万円の家に住むことができるのです。こうなると、家を買うことは合理的な選択とは言えなくなります。

困ったのが不動産業者です。住まいを売り出すときに、資産形成の手段として宣伝できません。

そこで業者は、住宅・マンションを「贅沢品」と位置づけるようになっています。割高なことには気づいていても、住まいを買うことで所有欲を満たしたり、安心感を得たいと思う層に訴えるマーケティングを行っています。

持ち家の取得をめざしても、いまの時代、いいことはあまりなくなってきました。ただし、賃貸にも細かなデメリットがあることは、押さえておくことが必要です。

たとえば、住宅の質を見抜くことがむずかしいため、割高なものを借りてしまうリスクがあります。内装や設備を自由に変えることもできません。家主の都合によって、長く住み続けられないこともあるでしょう。とくに地方では、ファミリータイプの大きな賃貸物件は少ないものです。

独身のうちに「衝動買い」をしない

「住まいを買うか、借りるか」には、さまざまな要素がからんでくるので、迷う方もいるでしょう。しかし独身女性には、1つだけ注意してほしいことがあります。**それは「独身のうちにローンを組んで住まいを衝動買いしてはいけない」ということです。**

家賃を毎月払うのがもったいない気がしてきた頃、分譲マンションの「月々、家賃並みの支払いだけ!」というコピーをみると、つい心が動きます。モデルルームに出かけてみたら、内装も、置かれている家具もすてきだったりします。不動産会社の人に「家賃を払っても、手元には何も残りませんからね」などとささやかれ、ドキッとしたりもします。

こうして、30平方メートルくらいの少し大きめのワンルームや、40平方メートルくらいの1LDKを、ローンを組んで買ってしまう。そんなことがまわりに多いのではないでしょうか。

こうした、マンションの「衝動買い」は問題が大ありです。たとえば――

1 新築マンションには業者のマージンが20〜30%乗っている。だから、立派なショールームをつくったり、高い人件費で案内ができたりする。物件の本当の価格は市価の70〜80%ということになるから、買った瞬間から市場価値は下がる。

2 人生の自由度がとたんに低くなる。住宅ローンをかかえているために、仕事を休めず、転職もできなくなる。転職先を探すときも、買ったマンションから楽に通える勤め先に限定したくなる。

3 結婚のとき、お荷物になる。2人で住むには狭い。結婚を機に売ろうとしても、ローンの残金もまかなえないから、売るに売れない。

独身の女性は、よほどの理由がないかぎり、ローンを組んでマンションを買うべきではありません。「でも、もう買っちゃった……」という方もいるでしょう。

その場合は次善の策として、賃貸にまわすための知識をもつことです。賃貸にまわしたときに家賃をいくらに設定できるかを調べておくといいでしょう。ローンの支払いを上まわる額に設定できるなら、買ってしまったマンションは賃貸にまわし、自分は賃貸物件を探すこともできます。

賃貸派におすすめしたいチェックポイント

「住まいなんて買える気がしないし、買うつもりもない」という方も多いでしょう。**そんな賃貸派の方に、いま時代は味方しています。**

まず、いまの経済状況のもとでは、家賃は悪くても横ばい状態が続きます。家主や不動産業者にすれば、いくらか安い家賃でも、ともかく入居者をつかまえることが先決だからです。

最近は「礼金なし」の物件も増えてきました。礼金などという制度があるのは関東地方くらいでしょう。敷金にあたる「デポジット」を預けるシステムはほかの国にもありますが、借りる側が家主に「お礼」をしている国や地方など聞いたことがありません。

礼金という習慣の由来は、地方から東京に1人で出てきた学生や単身赴任者のために、家族や親戚が家主に現金を払ったことだと言われています。都会に知り合いがいないので、「何かあったら、よろしくお願いいたします」という意味合いのお金だったのです。

しかし、いまではそんな「家主―店子」の関係は、ほとんどなくなりました。礼金の意味がなくなったのに、家主に都合のいい制度であるために、いまだに残っているのです。**借りる側が家主に「お礼の金」を払うのは、あまりに不合理です。**

実際、日本の賃貸住宅の礼金制度は、外国人には非常に評判が悪いのです。今後さらにグローバル化が進むなかで、淘汰されていくでしょう。

こうしてわずかずつでも、賃貸派には、住まいをもっと借りやすくなる市場が形成されてきています。賃貸派の方には、この流れをうまく使ってほしいのです。

昔ながらの「家主―店子」という関係に収まる必要はありません。住まいを貸す側はサービスの供給者であり、借りる側は消費者なのですから。消費者がサービスに要望を出すのは、当たり前のことです。

Chapter 7 住活

賃貸派の方向けに、「住まいの賢い借り方」を3ポイントあげてみます。

1　分譲用物件をねらう

同じマンションでも、はじめから賃貸向けに特化してつくられたものと、分譲用につくられたものとでは、グレードが大きくちがいます。壁や床の厚さ、キッチンやバスルームの設備、敷地のゆとりなどにかなりの差があるのがふつうです。最近は不動産業者も賃貸物件の広告に「分譲用」と明記していますから、そうした物件も選択肢に入れてみましょう。

2　リフォームの可能性を探る

持ち家志向の大きな理由の1つは、「賃貸だと自分の思いどおりの部屋にできない」ということでしょう。でも、壁にポスターをはるのに、画びょうの穴があくのを気にしていたのは、もう過去の話です。

最近は、リフォームができると明記した物件も、少しずつですが増えています。明記されていなくても、リフォームができるかどうか確認してみましょう。壁紙を替えたい、収納を増やしたい、本棚をつくりたい。そんなふうに思ったら、とにかく聞いてみるのです。貸す側にしても、借り手の気に入る部屋になって、長く住んでもらえるなら、それにこしたことはないはずです。

3　値引き交渉をする

中古物件の売買では、値引き交渉はごくふつうに行われています。

たとえば、中古マンションを3980万円で売りに出したら、仲介業者はふつうに「3480万円なら買うというお客さんがいます」と言ってきます。500万円の値引きです。でも、このオファーを断ったあとに、言い値で買ってくれる人が出てくる保証はありません。売り手はいろんな状況を考えあわせて、500万円の値引きを受け入れることがあります。

これと同じことが、賃貸物件でもふつうになってきました。もちろん、そのときどきの需要と供給のバランスにもよりますが、少しくらい家賃が安くなっても入居者を見つけたいという貸し手は必ずいます。

じつは私は、賃貸物件でいつも値引き交渉をしています。20万円以上の物件なら、家賃の1割を引いてもらうことが目標です。

そのとき、私の強みは**「賃貸物件はいくらでもある」**ということです。眼をつけた物件で値引きに応じてもらえなかったら、ほかを探せばいいだけです。

家主がどうしても家賃は下げられないと言ってきたら、礼金をなくしたり、更新料をなくすという交渉をすることもあります。

賃貸で値引き交渉をしているという話をすると、たまに驚かれます。でも私のほうは常識だと思っているので、ほかの人がやっていないことに逆に驚いたりします。

家主側にしても、借り手がつかないよりは、少し家賃を下げてでも借りてもらったほうがいい場合が多いのです。私の経験上、値引きはそれほどむずかしいことではありません。ぜひ試してみてください。

住まいだって「レンタル」する

これまで賃貸の住まいは「家を買うまで、とりあえず住むところ」と位置づけられていました。しかし、家を買ってもコストがかさむだけという経済状況が続けば、やがて「住まいの第一の選択は賃貸」という時代が来るでしょう。

私たちは日頃、いろんなものを「レンタル」しています。ＣＤにＤＶＤ、海外旅行に使うスーツケース、自動車……。あえて所有するまでもないものは、レンタルのほうがコストを抑えられるし、身軽でいられるからです。

住まいにも「レンタル」という考え方を取り入れるべきです。

住居費は家計のなかで、もっとも大きなものです。ローンを組んでしまうと、収入が下がっても、月々の返済額を減らすことはできません。しかし賃貸なら、家賃の安いところへすぐに動くことができます。いまのような経済状態のときには、むしろ賃貸を貫いてみてもいいでしょう。

「家を買えないから賃貸」ではなく、「住まいはレンタルのほうが身軽」という積極的な姿勢で、賃貸物件探しに出かけましょう。

住活とは

持ち家取得をめざすことではなく、
持ち家信仰を捨てること。

エコ活

Chapter 8

Chapter 8 エコ活

本当の「エコ」をやろう

このところ、「エコ」ということばを見聞きしない日はなくなりました。

テレビのＣＭでは、自動車から住宅まで、あらゆる業種の企業が「エコ」を連呼しています。大型消費財に「エコポイント」をつけるという、政府主導の施策も進んでいます。

スーパーに「マイバッグ」を持っていき、レジ袋を辞退すると、何円か引いてくれます。外食のお店でも割り箸の代わりに、何度も使える木製の箸を置くところが増えています。

もちろん、エコポイント対象の製品を買ったり、スーパーにマイバッグを持っていくことが、たとえ小さなこととはいえ、エコに役立っていないはずはありません。よりの「地球にやさしい」製品を買うことで、あるいはレジ袋に使われているかもしれない原油をわずかでも節約することで、地球にやさしいことをしているのはたしかでしょう。

けれども、そこで終わってしまうのは、あまりにもったいないのです。

はっきり言ってしまえば、マイバッグや「マイ箸」を使うだけでは、地球温暖化は止められません。もっと根本的な意識改革が必要です。

かといって、地球環境を守るための国際会議では、国同士がぶつかりあって、成果が上がっていません。エコの問題を解決する道筋には、あまりに多くのハードルが横たわっています。個人のレベルでこれ以上の努力をしても、何も変わらないように思えるかもしれません。

しかし、ここで立ち止まってはいけません。私たちが何もしなかったら、地球環境の将来はたいへんなリスクをかかえることになります。

それればかりではありません。**エコが叫ばれているいまは、私たち1人ひとりが地球とのかかわりを知る絶好のチャンスでもあるのです。**

私が「エコ活」ということばで提唱したいのは、エコというコンセプトを、私たちが個人レベルでライフスタイルを見直し、私たち自身が成長する契機にしてしまえ、ということです。

ただマイバッグを使うことではなく、エコを入り口にして、生活を見つめる視点を変えること、それが「エコ活」です。

Chapter 8 エコ活

アメリカにみた究極の無駄

いま私はこの文章を、アメリカのフィラデルフィア空港で書いています。

アメリカに来るたびにあきれかえるのは、異常とも言うべきエネルギーの無駄づかいです。

まず、どんなレストランに入っても、食べきれないほどに盛りつけられた料理が出てきます。人間は1日に1800〜2000キロカロリーも摂れば十分なのですが、アメリカの1食はおそらく1200キロカロリーを下まわることがないでしょう。

当然、多くのアメリカ人が太っています。いま私が座っている空港のカフェテリアでも、ほとんどの人がでっぷりしたお腹をかかえています。

食料を生産するには、エネルギーが必要です。エネルギーをふんだんに使った食料をアメリカ人は過剰に食べ、それらを無駄な脂肪に転換しているのです。

その無駄な脂肪のせいもあるのでしょう、アメリカではほとんどの場所でエアコンが効きすぎています。たいてい20〜22度に設定されているのではないでしょうか。アメリカに来ると、私はいたるところで、「エアコンの設定温度を上げてください」と言い続ける羽目になります。夏にアメリカに行くときは、まちがっても夏服で行ってはいけません。絶対に風邪をひきます。

アメリカ人は、大量のエネルギーをかけてつくった食料を無駄に食べ、余らせ、そして肥満体になっています。肥満体だから、フィットネスクラブに通って運動し、エアコンをキンキンに効かせているのです。莫大なエネルギーの無駄づかいです。

これが超大国のエコの現実です。でもこれは、アメリカだけの話ではありません。アメリカ人はたまたま、現代人の無駄だらけのライフスタイルを極端な形で体現しているだけのことです。いくらか程度はちがっても、ほかの豊かな国も同じようにエネルギーの無駄づかいをしています。

もちろん、日本もです。

「マイバッグ」の次にできること

Chapter 8 エコ活

アメリカ人がエネルギーの無駄づかいを自覚していないように、私たちも暮らしのなかで見すごしている無駄がたくさんあります。どれも、目線をほんの少し変えるだけで見つかる無駄ばかりです。しかも、その無駄は、ほんのわずかな工夫で減らすことができます。

マイバッグやマイ箸をもつことの次に、私たちがエコのためにできることをあげてみましょう。

生活を「ジャスト・イン・タイム」にする

「エコ活」の根本は、生活の無駄を減らすことです。エネルギーを使ってつくられたものを無駄に消費することが、地球環境にもっとも悪いことだからです。

「ジャスト・イン・タイム」は、トヨタ自動車の生産方式の呼び名として知られ、「カンバン方式」とも呼ばれます。在庫を極力減らし、経済効率を高めるために「必要なものを、必要なときに、必要な量だけ」生産するシステムのことです。

これを私たちの生活の基本にしてしまいましょう。

本当に必要なものだけを、必要なときに、必要な量だけ買う。ものをむやみに増やさず、何か買ったら、それまで持っていたものを、いさぎよく捨てる。生活に必要なものの量は、つねに一定に保ちます。

いくらマイバッグを使ってスーパーで買い物をしても、無駄に買いすぎて腐らせてしまったら、まったくエコではありません。無駄に多く食べてしまいがちなビュッフェスタイルの食事も避けます。定価だったら買わないかもしれない服を、セールに行って買うのもやめます。生活をスリムにすることを意識しながら買い物をすると、それだけでも、けっこう楽しいものです。

大きな動物の肉を食べない

ある試算によると、地球上の人間が穀物だけを食べていれば、世界で生産される穀物のカロリー量だけで、全人口が必要とする2倍の栄養をまかなうことができます。

それなのに食料不足の国があったり、飢餓が起きるのはなぜでしょう。1つには、穀物を動物の飼料にして、その肉を私たちが食べているためです。穀物だけを食べていれば、世界中の人々が飢えずにすむはずなのに、それを肉に転換しているために食べられる人数が減っているわけです。

穀物から肉への転換は、動物が大きくなるほど効率が悪くなります。鶏より豚のほうが効率が悪く、豚より牛のほうが効率が悪いのです。

私も肉をまったく食べないわけではありませんが、食べるときには「大きな動物ほど地球とからだに悪い」と考えて選んでいます。大きな牛は、肉になるまでに膨大な穀物が必要ですし、大量の抗生物質を摂取しています。迷ったときは、小さなものを選びます。

魚も同じです。マグロなど遠洋の魚は、捕って運んでくるのに多くのエネルギーを使っています。イワシやサンマなど近海の魚を食べるようにすれば、それだけエネルギーの節約につながります。

食料も大切な「資源」の1つです。エコのために極端な偏食をして、からだを壊してしまっては本末転倒ですが、石油と同じく食料も無駄にしないことがエコを考えるうえで重要なのです。

ミネラルウォーターを飲まない

私はペットボトル入りのミネラルウォーターを飲みません。蛇口をひねれば出てくる水を、わざわざ外国から空輸して、ペットボトルに詰める必要性を感じないのです。ミネラルウォーターをくみ上げて運んでくるのにもエネルギーが使われていますし、ペットボトルは石油からつくられています。

私は水がおいしくないと言われる東京都内に住んでいますが、まったくの水道派です。昔の水道水とちがって、いまはフィルターの性能が格段に上がっています。**水質基準も、じつは水道水のほうがミネラルウォーターよりも厳しいと言われるほどです。**ブラインドテストをしたら、水道水なのかミネラルウォーターなのか、ほとんどわからないでしょう。

それでも気になる人は、水道水を冷やしたり一度沸かしたり、いろいろ工夫してみるといいでしょう。私は水出しのハーブティーにして、よく飲んでいます。

車を使わない

地球にやさしいハイブリッド車の販売台数は増えていますが、自動車を使うこと自体を抑制しようという動きは、なかなか本格化しません。でも車による移動も、ほんのわずかな工夫で減らすことができます。

通勤の際に5キロ移動する場合を考えてみましょう。車を使うのと、公共交通機関と徒歩で通勤するのとでは、エネルギー消費量が数十倍ちがいます。

私は都内の移動には自転車を使っています。1日に20〜30キロは走っているでしょうか。自転車はCO_2を出しませんから、移動距離あたりでみると徒歩よりも地球にやさしい移動手段です。健康にもプラスになります。
日本で自転車の普及率がいまひとつなのは、自転車専用道路が少ないことが大きな要因です。エコカー減税の財源を自転車専用道路の整備にまわせば、CO_2削減にはもっと大きな効果があるはずです。
私は日頃、あまり現金を持ち歩きません。これは、ついタクシーに乗らないようにするためでもあります。その代わり、Ｓｕｉｃａはすぐ出せる場所に入れてあります。こうすれば、地球にも財布にもやさしい移動ができます。

飛行機より電車を使う

東京—大阪間を出張のために移動するときに、Ｎ７００系の新幹線を使えば、１人あたりのCO_2排出量は飛行機を使うときの10分の1ですみます。飛行機を使わないと移動できない場所なら別ですが、代替手段があって、所要時間もそれほど変わらないなら、私は新幹線や在来線を使うようにしています。

移動が本当に必要か考える

そもそも「この出張は本当に必要なのか」と考えることも、エコにつながります。

わざわざ出張しなくても、ウェブカメラを使ってインターネット会議に切り替えれば、多くの仕事はすませられます。移動そのものをなくすことが、もっともエコであることはまちがいありません。

夜中に買い物をしない

24時間営業のコンビニエンスストアは、たしかに便利です。でも、こんなにたくさん必要なのでしょうか。

もちろん、深夜に何か必要になることはあるでしょうし、深夜でないと買い物ができない人もいるでしょう。コンビニは一定数あってもいいのだろうと思います。

でも都市部に限っていえば、店舗数は明らかに過剰です。その1軒ごとに莫大な光熱費がかかっています。商品を配送する大型トラックが、大量のガソリンを消費しながら、朝から晩まで日本中を走りまわっています。

この状況に、消費者である私たちが疑問を投げかける手段は、深夜にコンビニを利用せず、明るいうちに買い物をすませることです。「コンビニをボイコットしよう」などという大げさな話ではありません。自分の時間に無理がないのなら、買い物はなるべく明るいうちにすませるというだけの話です。もともとは、それが当たり前だったのです。

日々の消費で社会を変えよう

これらは、ほんの一例にすぎません。少しでもエコな方向へと考えれば、私たちの暮らしのなかには、いくらでもやれることがあるはずです。

「こんな小さなことをやっても、効果があるのだろうか」と思う方もいるでしょう。そう思ってしまう感覚は、わからなくはありません。

しかし、「小さなことから自分たちの意識を変え、社会を変えていく」という道筋を否定してしまったら、ほかに何があるのでしょう。

1人ひとりのお金の使い方が社会に与える影響は、ばかにしたものではありません。お金の使い方については、「社会的責任投資」ということばを最近よく耳にしますが、私は投資とまではいかなくても、**「社会的責任支出」**を考えるだけで効果があると思っています。

これは、自分たちのお金をただ貯め込んだり、贅沢品に使うのではなく、社会にとって意味のある使い方をしよう、それによって社会を変えようという発想です。

どんなにエコが大切だと頭ではわかっていても、排気量の大きい車を買い、エアコンを使いまくり、肉を好きなだけ食べ続けていたら、原油を使うライフスタイルの需要はいつまでたっても減りません。需要が減らなければ、供給も減りません。

ここで大切なのは、どの企業や店を応援すれば、社会と地球によりやさしいかを考えることです。いくら価格の安いファストフード店でも、「名ばかり店長」を置いて、従業員を搾取している店には行かない。自動販売機が2台並んでいたら、災害時に飲料を提供する「緊急時飲料供給ベンダー」と書かれているほうで買う……など、やれることはいくらでもあります。

つくり手とコミュニケーションをとることも、効果があります。企業にはたらきかけ、消費する側の声を聞く姿勢があるところとつきあうのです。

クレイマーになろうと言っているわけではありません。社会貢献度の高い商品があったら、つくり手をきちんとほめることも大切です。いまは顧客の声をウェブサイトから簡単に伝えることができます。企業は小さな声に、けっこう弱いものです。

消費は強力なコミュニケーションツールです。

買い物の仕方ひとつで、私たちが必要としているもの、あるいは必要としていないものを、企業や行政に伝えることができます。お金は貯めるくらいなら投資にまわしたほうがいいのと同じく、自分や環境がいい方向に変わるようお金を使うことができるはずです。

選挙の投票は、多くても年に数回です。けれども、買い物はほとんど毎日していま す。買い物は選挙よりも、市民の意見を伝えられる強力なツールなのです。

私たちの生活を「トレース」する

エコを追求するなら、毎日の買い物に少しでも、その視点を取り入れましょう。あらゆる商品は、地球環境と結びついています。先に書いたように、食肉ひとつとっても、膨大なエネルギーが使われています。日本の食料自給率は約40％ですから、残りの60％は外国からエネルギーを使って運ばれています。

中国製の冷凍ギョーザに毒物が混入された事件は、許しがたいものでした。しかし、この事件をきっかけに、私たちが学んだこともあります。

それは、日頃食べている加工食品のじつに多くが、中国をはじめ海外でつくられているということです。事件当時は知らない人が多かったかもしれませんが、いまではすっかり常識になりました。

加工された食品のリスクは、ゼロにはできません。だったら、それほど味がいいわけでもない外国産の冷凍食品を買うよりは、国内産の野菜や魚をおいしく料理して食べようという発想にもつながってきます。

食品だけではありません。化粧品やコーヒーなど身近な商品も、環境問題と結びついています。

「トレーサビリティ（追跡可能性）」という概念があります。おもに流通の考え方で、物品の原材料や部品がどこから来たかを確認できるようにすることを言います。

私たちも日々の買い物で、商品を「トレース」すべきです。この化粧品は原料に何を使っているのか、このコーヒーはどこでつくられ、どうやって運ばれてきたのか。そうしたことをつねに気にするようになれば、いろんな感覚が変わってきます。

買い物のときに商品をトレースすることは、私たちの生活をトレースすることでもあり、世界をトレースすることでもあるのです。

代替エネルギーについて考えてみる

もう私たちは、原始時代に戻ることはできません。エネルギー消費を減らすことはできても、一定量のエネルギーは使わないと生きていけません。

そのときに考えなくてはいけないのは、化石燃料以外のエネルギーの利用をいかに進めていくかです。

石油や石炭以外のエネルギーのことは、みなさんも耳にしていらっしゃるでしょう。日本では「新エネルギー利用等の促進に関する特別措置法施行令」という政令によって、太陽光、地熱、風力、雪氷熱、バイオマスなどが「新エネルギー」に指定され、利用をうながすこととされています。

これらのエネルギーの特長は、枯渇せず、再生可能なものだということです。太陽光発電に必要な太陽が枯渇することはありません。

しかし代替エネルギー利用は、まだあまり進んでいないのが現状です。

ひとことで言うと、「コストが合わない」と思われているからです。太陽光を集めてエネルギーに変えるよりも、原油を掘って燃やすほうが、設備も少なく、はるかに安定したエネルギー供給を安く行うことができるとされているからです。

しかし、この点も将来どうなるかわかりません。

原油価格が再び高騰し、既存のエネルギーが高くなれば、市場原理によって代替エネルギーの普及が進むはずです。市場原理は偉大です。

大切なのは、そのときに普及のチャンスを逃さないよう、政府がリーダーシップをとって代替エネルギーをPRしていくことです。私たち1人ひとりも、代替エネルギーの活用に積極的な企業を応援するなど、普及に向けてやれることはたくさんあるはずです。

地球温暖化だけが「エコ」の問題ではない

地球温暖化への関心は確実に高まってきました。しかし、その一方で、「地球温暖化は嘘だ」などと主張する本がいくつも出版され、そこそこ読まれています。

これはどういうことでしょう。地球温暖化が進んでいるというのは、嘘なのでしょうか。

そういう反発が出てくる要因の1つは、地球温暖化ばかりに注目が集まっていることです。なかでもメディアの影響は大きいでしょう。

地球環境問題は、なにも温暖化だけではありません。大気汚染に酸性雨、水質汚染や土壌汚染、フロンガスの排出によるオゾン層破壊、森林の消失、開発にともなう生物多様性の減退……と、数えあげればきりがありません。

しかしメディアは、地球温暖化問題ばかりを伝えます。それがニュースになるからです。こうして「環境問題＝地球温暖化」という雰囲気が生まれてきました。日本の都市部が猛暑に見舞われるのは、むしろヒートアイランド現象の影響だとも指摘されているのに、地球温暖化と結びつけられたりします。

社会の空気がある方向に偏れば、どうしても反発が生まれます。「地球温暖化は嘘だ」という主張が出てくるのは、いわば当然の流れです。

しかし私は、「地球温暖化は本当か嘘か」を議論することに、あまり意味はないと思っています。病気の予防と同じことです。たとえば、喫煙とがんの因果関係を疑問視する人がいますが、だからといって喫煙が健康にプラスになることはありません。

「地球温暖化は嘘だ」と言ったところで、地球にプラスになることは１つもありません。仮に、地球温暖化がいま予測されているペースで進まなかったとしても、進んでしまった場合を想定して生活を見直していくことで、損をする人はいないはずです。

「エコ」のコンセプトが世の中に知られていちばんよかった点は、人々の考え方に時間軸が加わったことです。地球のサステイナビリティ（持続可能性）について、多くの人がふつうに考えるようになりました。

私たちのライフスタイルを見直し、無駄をなくし、これからの地球とのかかわり方を考えていく。エコというコンセプトは、そのための格好の入り口になります。

このチャンスを逃す手はありません。

エコ活とは

ただマイバッグを使うことではなく、サステイナブルな生活を考えること。

財活

Chapter 9

Chapter 9 財活

先がみえない時代だから「財活」を

いよいよお金の話です。

景気が回復せず、経済の先がみえない時代になって、誰もがこれまで以上にお金のことを考えています。雇用の安定はもちろんですが、少しでも有利な貯蓄や資産運用の情報を集めて、手元にあるお金をなんとか増やそうとします。

みなさんのまわりにも、資産運用の情報はあふれているでしょう。さまざまな宣伝があり、本が売られ、金融機関からは勧誘の電話がかかってきます。そうした情報を知らないのは、いまの時代、たいへんな損であるように思えてきます。

もちろん、経済や投資のことをまったく知らずにいるのは、大きなマイナスです。しかし、お金を増やすことばかりにエネルギーと時間を使うのも、私たちの人生にとってはマイナスになります。

お金儲けだけをしても、充実した人生は送れません。順序が逆なのです。むしろ、充実した人生を送る手段の1つとして、お金の増やし方を知っておくべきなのです。

この章でお話しするのは、手っ取り早い投資術ではありません。むしろ考えたいのは、経済や資産運用の知識・情報をどう押さえ、それらを生活のなかでどうとらえるべきかということです。この活動を「財活」と呼んでいきます。

「財活」の大きな柱は、次の3つです。

1 情報の基本的な見方を知る
2 経済の基本的な動きを知る
3 自分なりのヘッジ手段を考える

それぞれについて、具体的にみていきましょう。

【財活の柱1】 情報の洪水におぼれない

資産運用の知識は、あればあるほど使いでがあるのはもちろんです。アートをみる審美眼を養うのに似て、資産運用も研究すればするほど、考え方に深みと広がりが出てきます。

ただし、その知識は人から与えられたものだけでは足りません。自分で努力して手に入れないと、本当の知識は身につかないと言っていいでしょう。有利とされる資産運用商品の情報を集めても、なぜその商品がいま有利なのかを自分で理解しないと、金融機関や本のすすめるままにお金を動かし、損をすることになりかねません。

資産運用についてだけでなく、経済全体をみる基本的な枠組みも必要です。経済情報を自分なりに考える枠組みをもつことです。メディアの流す経済ニュースをうのみにするのではなく、ときには疑問の眼を向け、自分なりに消化することが大切です。

世界金融危機が起きた2008年、日本のメディアが流す経済ニュースに頻出したフレーズがありました。**「100年に1度の危機」**というものです。

テレビをつけると、朝のワイドショーから深夜のニュース番組まで「100年に1度の危機」が連呼されていました。新聞を開くと、このフレーズが1ページに3つ見つかることもありました。

これだけ「100年に1度の危機」と聞かされると、誰だって気持ちが沈みます。もう日本経済は、世界はだめなんじゃないか、私はどうなるんだろう……と思うのは当然というものです。

でも、そんなとき私たちにはやるべきことがあります。**「本当に『１００年に１度の危機』なの？」と疑問をもち、自分なりに考えてみることです。**

「１００年に１度」といえば、これはたいへんな危機です。では、このフレーズは、前回の「１００年に１度の危機」をどれだと想定しているのか。そもそも、誰が「１００年に１度」と言ったのか。経済の深い知識はなくても、そういう「ツッコミどころ」を見つけることならできます。

疑問をもったら、簡単に調べる手段はインターネットです。

たとえば「１００年に１度」「最初に言った」と、グーグルに入れて検索してみます。すると、このフレーズをはじめて使ったのは、アメリカの中央銀行である連邦準備制度理事会（ＦＲＢ）の議長だったアラン・グリーンスパンらしいとわかります。もう少し調べれば、そのときグリーンスパンは、あくまでアメリカの状況について語っていたこともわかります。

だとしたら、「『１００年に１度の危機』って、本当に日本にも当てはまるの？」と疑うこともできるでしょう。

検索しているうちに、このフレーズが日本で広まったのは、当時の麻生太郎首相が口癖のように使ったからだということもわかってきます。こうなると、フレーズの信頼性はますます怪しくなってきます。

当時、日本では「100年に1度の危機」というフレーズの妥当性について、目立った議論はありませんでした。しかし金融危機の震源地だったアメリカでは、メディアが経済ニュースで大げさな表現を使うことに、ちゃんと批判が出ていました。

当時アメリカのニュースで決まり文句のように使われていたのは、「100年に1度の危機」よりも、「大恐慌以来（since the Great Depression）」というフレーズでした。1929年10月の株の大暴落から始まった大恐慌に、現在の危機をなぞらえて、「大恐慌以来最悪の○○」という言い方が繰り返されていました（ちなみに大恐慌とは、金融政策の失敗がもたらした強烈なデフレのことです）。

これはアメリカ人にとって、「100年に1度の危機」よりインパクトのある表現です。「大恐慌」はアメリカ史のトラウマです。あのアメリカで、多くの国民が家を失って難民化し、食料配給を待つ長い列ができました。「大恐慌」と聞いただけで、アメリカ人の頭には、当時の様子をとらえた古い写真やニュース映像が瞬時に思い浮かびます。

このフレーズを多用するメディア報道を分析したのが、ビジネス&メディア・インスティテュート（BMI）という研究機関でした。BMIは分析をまとめた報告書に

「大メディア恐慌」というタイトルをつけました。現在の経済状況は大恐慌に匹敵するものなどではなく、メディアがそう言ってあおっているだけだという意味合いです。

この報告書は、テレビや新聞が「大恐慌以来」ということばを使った頻度や状況を細かに調べ、こう結論づけました。

「メディアは経済について、表面的で短絡的な報道をやめるべきである。テレビ映えする短いことばで表せるほど、経済は単純なものではない」

その頃、ミシガン大学のマーク・ペリー教授（経済学）も、今回の金融危機と大恐慌を具体的な数字をあげて比較していました。

それによれば、アメリカの銀行倒産件数はこうなっていました。

●アメリカの銀行倒産件数

大恐慌	**約9000**
S&L危機	**約3000**
今回の危機	**117**

今回の金融危機は、大恐慌とは比べものにならないほど軽傷であることがわかりま

す。真ん中にあるS&L危機は、1980年代後半から90年代はじめにかけて、S&L（貯蓄貸付組合）が次々に破綻した危機を指します。銀行の倒産件数をみるかぎり、今回の危機はそれよりも軽いことがわかります。

今回の危機では、リーマン・ブラザーズなど有名な金融機関が破綻したために、「ニュース的」には大きな傷跡を残しているようにみえたのですが、倒産件数ではS&L危機の25分の1でしかなかったのです。

ペリー教授は失業率の比較もしています。

●アメリカの失業率

大恐慌	**17・1％（平均）**
今回の危機	**6・1％（2008年8月）**

「大恐慌以来」というフレーズがもっとも頻繁に聞かれた頃にも、アメリカの失業率は大恐慌期の半分にも達していませんでした。100人中93人には、ちゃんと仕事があったのです。

こうした作業をすれば、メディアのいう「危機」を大げさにとらえず、「等身大」

にみることができたはずです。

この視点が「財活」には重要です。むずかしいことではありません。情報やメディアに踊らされず、自分で疑問をもち、自分で調べてみる。そのちょっとした行動から、経済への理解が深まり、自分なりの考え方の枠組みをつくっていけるはずです。

【財活の柱2】為替の基礎知識をもつ

「財活」をするときに、経済の知識は多ければ多いほどいいことはたしかです。しかし、仕入れられる知識や情報には限界があります。分野をある程度絞り、まず必要最小限のことを押さえておくといいでしょう。

最小限の重要な経済知識の1つが、為替です。為替レートは輸出入にも景気動向にも、私たちの日常にも大きくかかわる要素です。ここでは為替の基礎知識を、最近よく聞く用語を中心におさらいしてみます。

為替レートは、どのように決まるのでしょう。その答えは「各国の金融政策の差異で決まる」ということになります。しかし、「理論的にはこうなっている」ということはわかっても、その理論値と実際のレートの間には、短期的にはかなりのちがいがあります。

為替市場の動きを考えるアプローチの1つに、**「購買力平価」**があります。これは物価を媒介にして、為替レートの理論値を算出しようという考え方です。

これをわかりやすくした指標が**「ビッグマック指数」**です。イギリスの週刊誌『エコノミスト』が1986年に考案したもので、各国のマクドナルドで売られているビッグマックの価格を比較して算出します。

ビッグマックは世界でほとんど同じものが販売されていますから、どの国でも同じ価格でいいはずです。それが高かったり安かったりするのは、為替レートが適切ではないためだという考え方が、ビッグマック指数のもとになっています。

たとえばいまビッグマックの値段が、日本では300円、アメリカでは3ドルだとします。300÷3＝100ですから、1ドル＝100円がビッグマック指数による為替レートです。

このとき、実際の為替レートが1ドル＝80円だったら、為替レートはビッグマック指数に比べて円高です。だったら、これから100円に向けて円安が進んでもおかしくない、と推測できます。

現在の過度の円高傾向をもたらしている大きな要因は、各国と日銀の金融政策のち

為替市場の動きを「ビッグマック指数」から考えよう

がいです。

リーマン・ショックが起きたあと、欧米をはじめとする外国の中央銀行は「日本みたいにデフレになったら大変だ！」ということで、利下げや大量の資産買い入れを行い、潤沢な資金供給を行いました。しかし、日銀は世界各国が同時に行った協調利下げにも参加せず、資産買い入れもほとんど増額しませんでした。

アメリカやイギリスの中央銀行は、リーマン・ショックの前後で保有する資産を3倍に増やすぐらいの大胆な金融緩和を行いました。ケチで知られる欧州中央銀行でさえ、資産は約1・5倍になりました。

しかし、日銀だけはまったく金融緩和をしませんでした。世界各国がお金の量を急増させたのに、日本だけはお金の量が変わらなかったため、結果的に円が希少価値をもってしまったのです。

これが、今回の円高を引き起こした最大の原因です。きわめて人為的な理由でもたらされた、実力を反映しない「虚構の円高」と言っていいでしょう。

最近の円高傾向をもたらしているもう1つの大きな要因としては、**金利差の解消**があげられます。

しばらく前まで、日本はゼロ金利、アメリカの金利は5％前後でした。個人を含むさまざまな投資家は、金利の低い円を調達して、金利の高いドル建ての債券などに投資しました。これを「**円キャリー取引（円借り取引）**」と呼びます。

最近よく耳にする**ＦＸ（外国為替証拠金取引）**も、この円キャリー取引の変形です。ＦＸ市場では日本人の個人投資家が多く、相場を左右することもあるため「**ミセス・ワタナベ**」として恐れられていました。ＦＸに参加する日本人には主婦層が多いという想像から生まれたことばです。

いま書店に行くと、『はじめてのＦＸで儲けるコツ』といったタイトルの本が、ずらりと並んでいます。このブームの裏側には、為替をうまく予想すれば、誰でも上手に儲けられそうだという錯覚があります。

しかし、個人が為替市場に相場を張って儲けるのは、至難の業です。市場は巨大で、膨大な参加者がいます。為替の変動要因はあまりに多く、情報も錯綜しています。数年前にFXなどで約4億円の利益を上げ、1億3000万円を脱税したとして告発された主婦がいました。脱税が発覚したのは、結局は自己破産したためでした。

企業も為替で痛い目にあっています。

イタリアン・ファミリーレストランのサイゼリヤや、メリーチョコレートなどは、自社のかけていた為替のヘッジが逆方向にいってしまったために大損失をこうむり、年間利益を吹き飛ばすほどの損失を為替だけで計上してしまいました。ふだんは顧客1人あたり数十円、数百円の利益をコツコツと重ねる企業が、為替の動向を読みちがえて数百億円単位の損失を出してしまったのです。

こんな話をすると、「為替は怖いから、近寄らないでおこう」と思う方が多いかもしれません。でも、**為替に近寄らずにいることは不可能です。**

私たちが消費する食品やエネルギーは、ほとんどが輸入されています。利益を出している日本企業も、輸出産業がほとんどです。

円高になれば、これらの企業は大きな影響を受けます。たとえば2万ドルの自動車を売ったとき、1ドル＝120円だったら240万円が入ってきます。これが1ドル＝90円だと、同じ車なのに180万円の売り上げにしかなりません。言うまでもありませんが、主要企業が不振に陥れば、日本経済全体に影響が出てきます。

「円が高ければ、それだけ多くのものが手に入る」と言う人がいますが、いまのように日銀の誤ったデフレ政策によって人為的に円高が進んでしまうと、これはまったくあてはまりません。円高による輸出不振の影響で一般のサラリーパーソンの所得が減る一方で、もともとお金（円）をたくさんもっていた一部のお金持ちだけが得をして、社会的な格差が広がってしまうからです。

では、私たちの「財活」では、為替とどうつきあうべきでしょうか。

【財活の柱3】自分なりのヘッジ手段を考える

私たちが気をつけるべきなのは、為替にはちゃんと近寄り、そのメカニズムの基本は理解しながらも、**円高・円安に振りまわされるような投資ばかりをしないことです。**

それよりは、為替がどう動いても平気でいられる自衛策を講じるべきです。

先のみえない時代に自分を守る「財活ヘッジ手段」を3つあげてみます。

おすすめヘッジ1――海外資産を分散させて保有する

まず必要なのは、海外の資産を適度にもつことです。

海外の資産というと、すぐに思い浮かぶのは外貨預金かもしれません。最近は手軽になったので、すでに外貨預金をもっているという方も少なくないでしょう。

でも残念ながら、外貨預金はそれほどおすすめできる商品ではありません。手数料が高いことが多く、たいていの通貨は金利が低いためです。なかには高金利の通貨もありますが、これは安定性に欠けることの裏返しです。

代わりに私がおすすめしたいのは、さまざまな通貨を合わせ、投資先の国もバラエティに富んでいる投資信託です。

せっかく日本のリスクをヘッジするのですから、投資信託で投資先を中国だけにしたり、ロシアに絞ったりするのは本末転倒です。基本は**「分散投資」**です。さまざまな国に、薄く広く分散した資産をもつ必要があります。

もう1つ大切なのが、**タイミングの分散**です。つねに為替は、理論値よりも円高になったり円安になったりするリスクがあります。そのタイミングがいつかは、素人には予測できません。この「予測できない」という要素を前提として、円高のときも円安のときも、同じ額の投資信託を毎月コツコツと買っていきます。そうすると、タイミングによるリスクを分散できます。

最近は投資信託も種類が多くなり、オンライン証券会社も増えてきたので、ずいぶん手軽になりました。給料振り込み口座からの引き落としで、月1万円程度から積み立てで買うこともできます。「ノーロード」と呼ばれる手数料なしの投資信託も増えています。

投資信託は最初の手続きがちょっと面倒かもしれませんが、煩雑なのははじめだけです。しかも投資信託は、証券会社の財産とは別に管理する「分離管理」なので、証券会社が倒産しても資産は守られます。

おすすめヘッジ2――英語力アップなど、自己投資をする

投資というと、どうしても金銭的な投資という意味になりがちです。けれども「財活」で本当に必要な投資は、じつは自己投資です。

この先、経済はどうなるかわかりません。デフレスパイラルが続き、いつまでも景気が回復しないことも考えられます。

歴代の政権の迷走ぶりや、日銀のリーダーシップのなさを考えると、日本経済にはなんでも起こりうると思ったほうがいいでしょう。最悪の場合にシンガポールやアメリカ、カナダなど、**外国に逃げられる準備をすべきです。**

これは冗談でもなんでもありません。そういう事態が絶対にないとは、もう誰にも言えません。

しかし、本当に外国に逃げたほうがいい事態になったときに、外国でお金を稼いで生活できなくては、動くことができません。海外で暮らせるだけのスキルを身につけておく必要があります。

まず外国語、とくに汎用性の高い英語の力を、できるだけ高めておくことです。外国で得られる仕事は、ことばの力によってかなりの程度まで決まります。ことばを高いレベルで運用できればできるほど、収入は上がると思っていいでしょう。

この自己投資は、たとえ日本に住み続けたとしても、けっして損にはなりません。キャリアアップに必ず役立ちます。

おすすめヘッジ3——手取りの5%を投資にまわす

海外投資と自己投資には、月の手取り収入の5%ずつを割り当てることをおすすめします。手取りが20万円だったら、それぞれに1万円ということです。

次に、**短期の変動に一喜一憂しない**ことです。海外投資も自己投資も、少なくとも5年、できれば10〜15年は続けます。

自己投資の場合には、半年から1年たてば投資の成果が出始めます。しかし、本当に使えるスキルに結びつけるには、5年は続ける必要があるでしょう。

月1万円あれば、本を買うこともできますし、ちょっとしたセミナーを受けることもできます。英会話学校にしても、最近では外国にいる先生の授業をオンラインで受けることができますし、授業料はそちらのほうがはるかに安いこともあります。これも円高のおかげです。

お金の投資は手取りの5%ですから、元本が年12万円になります。最初は海外債券がいいでしょう。5年続ければ、60万円とその運用損益がつきます。

そのとき、私たちは60万円の元本についていくら儲かった、いくら損したと気にしがちですが、その考え方はやめましょう。60万円と比べて儲かったかどうかではなく、0円からここまで積み上がったと考えるべきです。

もし口座引き落としの積み立てを始めていなかったら、この60万円は冗費としてどこかに消えていたでしょう。自動積み立てを始めたことで、0円が60万円前後になったのです。収入が上がってきて、積み立て額を増やせるなら、もっと積み上がりやすくなります。

理想的には積み立て額を段階的に増やし、月4万円にできるといいでしょう。これを、海外債券、海外株式、円貨債券、円貨株式に1万円ずつ投資します。資産運用のバランスがよくなり、リスクもさらに分散できます。

情報に踊らされず、自分なりの考える枠組みをもつこと。基礎知識を磨きながら、自分への投資もおこたらないこと。それが「財活」の基本です。

そうすることで経済への理解が深まると同時に、自分を高めていくこともできます。仮に資産運用の成功にはあまりつながらなかったとしても、キャリアには必ずプラスになるでしょう。

経済の動きが激しいいまは、知識を身につけ、考えるための教材にはこと欠きません。ぜひ、今日から「財活」に踏み出してみてください。

Chapter 9 財活

財活とは

資産運用に
血まなこになることではなく、
経済をみる眼と
考え方の枠組みをつくること。

日本活

Chapter 10

「お上性善説」を捨てよう

最後に「日本活」です。いまの日本をどうとらえるか、そのうえで日本にどうはたらきかけるべきかを考えます。

いまの日本をとらえるキーワードの1つが、「お上性善説」です。**「お上に頼っていれば大丈夫」「お上がうまくやってくれる」**というメンタリティが、日本人のなかには色濃くあります。

社会に活力をもたらす最大の方法は、個々人が自分で考え、行動することです。ところが私たちは、最後には「お上」をあてにします。

「お上性善説」が染みついているので、政府がとるべき施策をとらずにいると、大きな誤解が生まれます。「エリートで頭のいい人たちは国民の生活を考えて、うまくやってくれるはずだ、やらないのは何か理由があるにちがいない」と考えがちなのです。

政府・行政にいる人たちは、役割分担のなかで、たまたま公的サービスを担当しているだけだ、という発想になりません。

「お上性善説」は、個人がリスクをとらないことにもつながります。困ったことは「お上」が解決してくれるはずだから、何かリスクが生じて困ったときには、「お上は何をやっているんだ」と怒ったり、たたいたりするだけで終わってしまうのです。

「お上」に頼っているかぎり、個人が自分のリスクを管理するという発想は身につきません。これは非常に問題の多いメンタリティです。

日本の街に響くリスク管理の「音」

日本がいかに「お上」中心であるかは、街をちょっと歩いてみれば、すぐにわかります。日本の都市は、「お上」がリスクを管理する音にあふれています。どれも外国では、まったくといっていいほど聞かれない音です。

エスカレーターに乗れば、「たいへん危険ですから、黄色い線の内側に立って、お子さまの手をひいて」と言われます。トラックが左折するときには、「左へ曲がります。ご注意ください」という機械的なアナウンスが大音量で響きます。

Chapter 10 日本活

駅のホームでは、電車が近づいていることが大音量で、しかも何度もアナウンスされます。録音による案内が流れたあとに、駅員がわざわざ同じことを放送で繰り返していることもあります。

車内放送では、「携帯電話を使わないで」「優先席付近では電源を切って」「座席は7人掛けだから、1人でも多く座れるように詰めて」といった注意が繰り返されます。そうかと思えば、「今日は傘の忘れものが多いから気をつけて」などと、変に思いやりのあるアナウンスがあったりします。

音を流す側は、人々の安全を守るためには、どれも必要なものだと言うかもしれません。でも、そうだとしたら、**なぜこれらの音は日本にしかないのでしょうか。**

電車の車内放送も、外国ではまったくないか、あったとしても次の停車駅をボソッと言う程度です。自分の降りるべき駅を確認することは、それぞれの乗客にまかされています。

「忘れものに気をつけて」などというアナウンスはありえません。忘れものをしないことは、個人の責任の問題だからです。「座席を詰めろ」もありません。座りたいなら、「詰めてもらえますか」と直接言えばすむからです。

しかし日本では、これらは管理する側がアナウンスします。人々にとって不快なことが起きないよう注意することが、「お上」の仕事になっています。見知らぬ人に「詰めてもらえますか」と言ってトラブルになるリスクも、個人が冒さずにすみます。

こうした音は、たいてい「上」から降ってきます。日本の街には、お節介で、不思議な思いやりに満ちた「お上」の声が響きわたっています。

「お上性善説」で言う「お上」とは、政府や行政だけではありません。サラリーパーソンなら会社が「お上」ですし、女性であれば身近な男性が「お上」になっています。「お上」とは「自分を管理し、リードし、困ったときにはなんとかしてくれる」はずの存在の総称です。

「日本活」はまず、「お上」に頼るメンタリティを捨て去ることから始めなくてはいけません。

不人気な裁判員制度のメリット

市民が「お上」の仕事に口を出すことのできる制度が、最近生まれました。裁判員制度です。

裁判員制度が導入された理由として、さまざまなことが言われました。その1つが「市民の感覚を裁判に取り入れる」というものでした。

裁判官と市民の感覚の間には、溝があると考えられています。その根本にあるのが、裁判官という職業のエリート性と特殊性です。

司法試験に合格するのは必要以上にむずかしく、社会生活を犠牲にしてまで勉強する人が多くなっています。法律家という、社会を知らなくてはならない職業をめざしているのに、社会経験を十分に積んでいない人がたくさんいます。しかも裁判官になれるのは、司法試験に合格したあとの司法修習生時代に「優秀」だった人であり、比較的若い人である傾向があります。

この「ダブルの狭き門」が、裁判官のエリート性と特殊性をつくり上げています。ここから、さまざまな弊害が生まれています。一般の感覚では違和感のある判決がときおり出されたり、ひどいときには冤罪も生まれています。

しかも、裁判官は慢性的な人手不足です。裁判の数に比べて、圧倒的に人が足りません。

これらの問題を解決する一助として導入されたのが裁判員制度でした。ところが、裁判員制度の導入が決まったあとに内閣府が行った世論調査では、多くの人が裁判員になることに消極的でした。「裁判員として参加したいか」という質問には、

参加したい　5・6%
参加してもよい　15・2%
あまり参加したくないが、義務であるなら参加せざるをえない　44・5%
義務であっても参加したくない　33・6%

と、じつに80%近い人が消極的な姿勢を示していました。その理由のなかでもっとも多かったのは、自分たちの判決で被告の運命が決まるため、「責任を重く感じる」というものでした。

2009年5月の実施が近づくと、裁判所などには「どんな場合に裁判員を辞退できるのか」という問い合わせが殺到しました。制度が始まってしばらく、メディアは裁判員裁判を大きく伝えていました。そのなかで裁判員になった人たちは、法廷に立つことへのつらさや不安を語ることが少なくありませんでした。

こうして裁判員制度は、国民に不人気な制度として位置づけられました。

しかし、裁判員制度には大きなメリットもあります。日本人の「お上まかせ」の発想を見直す契機になるのです。

「お上まかせ」の発想は、私たちのからだにすっかり染み込んでいます。その一方で、**私たちは「お上は意外にテキトーだ」ということにも、とっくに気づいています。**政治家が不祥事を起こせば憤慨しますし、「消えた年金」のような問題にはあきれ返ります。

でも、多くの人はそこで止まってしまいます。「お上」がテキトーであることを批判しても、では市民として何をすべきかを考える人は、まだ少ないようにみえます。

裁判はもともと、「コミュニティのルールを破った者に対して、コミュニティのなかで判断を下し、刑罰を与える」という制度です。コミュニティの構成員である市民が積極的に裁判に参加するのは、言ってみれば当然のことなのです。

裁判員制度は、制度設計に問題がないわけではありません。しかし、責任が重いから、面倒だから、仕事に差しつかえるから……という理由で逃げていては、私たちは市民としてのリスクをとっていないことになります。

「いつか裁判員になるかもしれない」という現実を受け入れれば、それなりに準備をすることにもつながります。裁判員に選ばれたときに困らないような知識を身につけるきっかけとして、社会に参加する契機として、裁判員制度をもっとプラスにとらえることはできるはずです。**「お上」が裁判に口を出していい、と言ってきたのです。出さない手はないではありませんか。**

ＮＰＯやＮＧＯの活動と比べてみると、いかに裁判員制度が市民の声を「お上」に伝えるチャンスであるかがわかります。

ＮＰＯやＮＧＯは、言うなれば、「お上」がとりこぼしているイシューや、足りない部分を補うために生まれています。根本にあるのは、社会のさまざまな問題の解決を「お上まかせ」にしないという発想です。

裁判員制度の発想は、これに似ています。しかも、ＮＰＯやＮＧＯのように立ち上げる手間もいらず、「お上」のほうから市民が司法に参加する道をつくったのです。逃げている場合ではないはずです。

ある意味で、日本の民主主義は「お仕着せ」です。日本の社会は、民主主義を「勝ち取った」欧米諸国に比べれば、市民としての意識が著しく低いと感じます。

それは「自分たちの社会を自分たちの手でつくる」という意識に乏しいということです。税金が上がると聞けば、将来への投資ではなく、「お上による搾取」と理解しがちです。裁判員制度によって呼び出しを受けると、自分には関係ないし、仕事もあるし、できれば避けたい、と考えがちです。

この発想を、あえて捨ててみましょう。裁判員制度をプラスにとらえ、社会を意識し、参加するチャンスと考えてみましょう。

そうすれば、その先もみえてきます。裁判員だけではなく、国政や予算編成や教育問題にどうすればかかわれるのか。そんな「気づき」につながるかもしれません。

不人気な裁判員制度は、じつは日本人が「お上まかせ体質」を変えられるチャンスなのです。

「ダイバーシティ」がなさすぎる社会

「お上性善説」と並んで、「日本活」で重要なキーワードは、「ダイバーシティ（多様性）」です。

ダイバーシティは、私たちが生きるうえで非常に重要なものです。社会でも、企業でも、ダイバーシティがあれば、それだけ強くなれます。

環境問題でも、「生物多様性」が減退していることが大きな問題となっています。生態系を維持するうえでは、そこにいろんな生物が生きていて、多様性が確保されていることが欠かせません。

ダイバーシティに欠ける社会や組織は、往々にして脆弱です。そして日本は、このダイバーシティが決定的に欠けています。

日本社会のダイバーシティの欠如を確認してみましょう。まずあげるべきなのは、女性の社会進出が進んでいない現実です。

「ジェンダー・ギャップ指数」という指標があります。スイスに本部を置く民間団体「世界経済フォーラム」が毎年発表しているもので、経済、教育、健康、政治の４つの分野にみられる男女格差を指数化したものです。

これを書いている時点で最新の２００９年版では、日本は１３４カ国中１０１位でした。前年からさらに3ランク落ちました。

２００９年版では当初、日本は75位とされ、「大幅にランク上昇」と報じられました。ところが、これに疑問をいだいた日本の女性団体などの指摘を受けて再集計したところ、データの一部が誤っていたことがわかり、１０１位に下方修正されたのです。最初から101位と言われるよりも、さらにショックです。

言うまでもありませんが、この順位は先進国のなかで最低です。それどころか、アジア諸国のなかでも、ベトナム(71位)やバングラデシュ(93位)、マレーシア(100位)といった国より下です。**誤解を恐れずに言うならば、日本はバングラデシュよりも女性が活用されていない国なのです。**

134カ国中、101位。これが、日本のジェンダー・ダイバーシティの現実なのです。

「女性は二流市民」という自覚をもつ

日本は国際比較でみても、女性が社会で活用されていない国です。日本において、女性は「二流市民」なのです。

「二流市民」ということばは、英語の「second-class citizen」の訳です。アメリカでは少数民族など差別される側を表すときに、このことばが使われてきました。本来なら市民には一流も二流もないはずなのですが、あえて「二流市民」ということばを使うことで、差別の根深さを表そうとしたわけです。

「日本の女性は二流市民である」。この現実を、私たちはもっと強く意識すべきです。どんな統計をみても明らかなことなのに、いまだに自覚していない人が多すぎます。

もっともわかりやすい指標である収入をみてみましょう。左ページの図は、日本人の年齢・男女別の平均年収です。

女性の平均年収を追っていくと、愕然とします。20代後半から40代前半までほとんど変わらず、しかもずっと100万円台なのです。

これは、仕事をしていない専業主婦が多いためでもあります。「幸せな奥さま」というイメージから、専業主婦にあこがれる女性はいまも少なくありません。しかし、じつはリスクの高い立場だということを押さえておかなくてはいけません。

生活保護の受給者でもっとも多いのは、高齢の独身女性です。働いていない女性は、配偶者を亡くしたり、離婚したあとに、貧困層に落ちるリスクが高いということです。

女性が二流市民から脱出するには、まず最低限、自分の仕事をもつことです。

ただし、日本の現状をみると、20代のときに優秀だった女性が30代前半になってつまずくケースが多いのです。大きな理由の1つは、上司が注意したり、叱ったりして

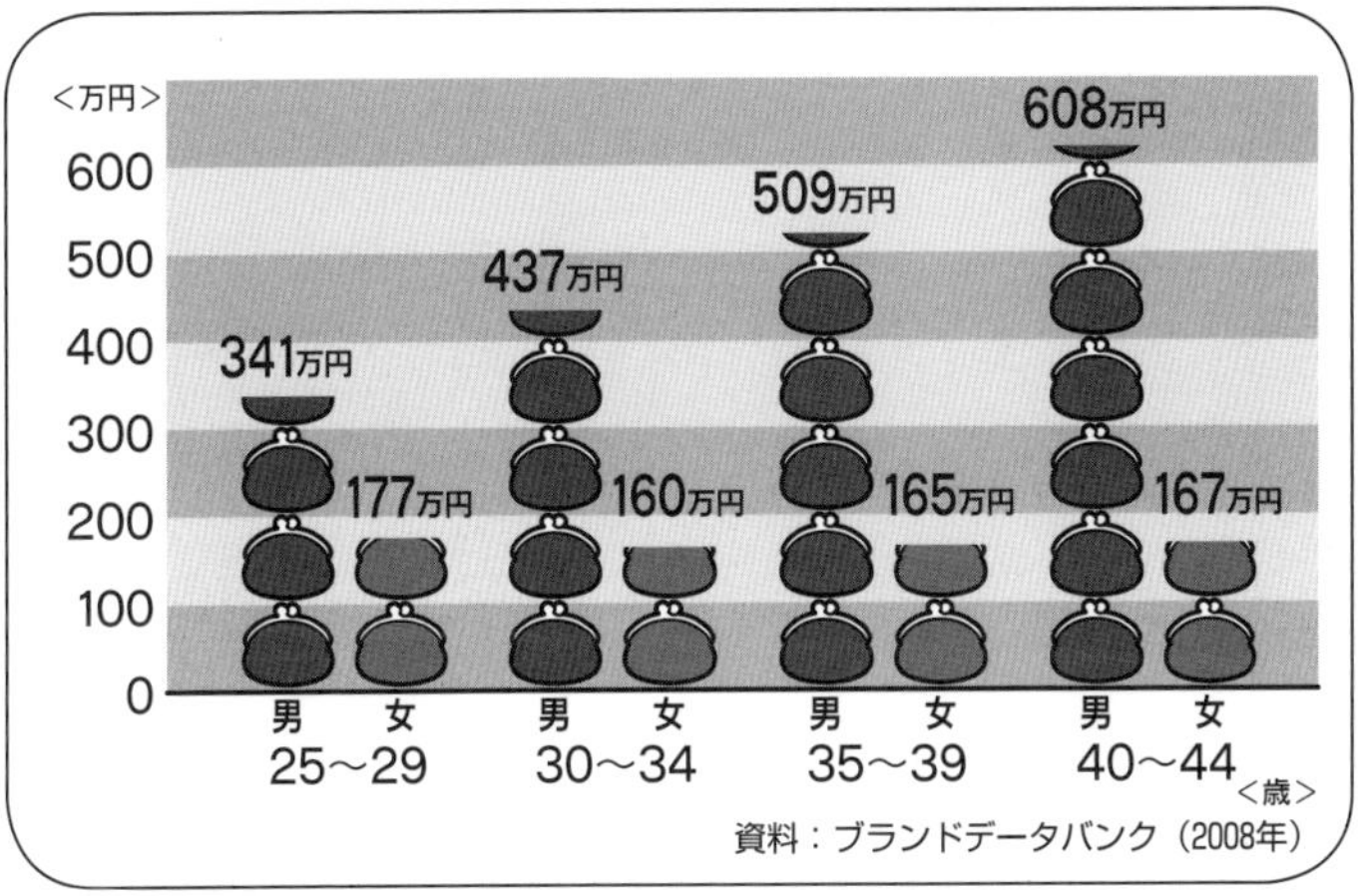

日本人の年齢・男女別平均年収

くれないというものです。「女は会社を辞めるから、まあ適当にやらせておけ」と思われているわけです。

20代のうちは、幸か不幸か、まわりがちやほやしてくれます。そのため、たとえ能力がなくても、それなりに仕事は進んでしまいます。

問題は、そのまま30代になったときです。相変わらず仕事の力はついていないのに、若さは衰えていきます。

まわりは、昔のようにちやほやしてくれません。そのため、仕事が行き詰まってしまうということになりがちです。

多くの女性が、まだまだ「育成すべき人材」とみなされていません。まさに「二流市民」なのです。

「男性に庇護されたい」という発想を捨てる

「二流市民」を脱するために、もう一歩踏み込んで提言します。

日本の女性は、男性に庇護されたいという発想を捨てるべきです。

庇護と差別は、コインの裏表です。守られているということは、守っている側の支配下にあるということです。

だとしたら、その支配者とうまくいかなくなったとき、あるいは支配者がいなくなったとき、庇護されている側は路頭に迷います。

「庇護も平等も」というのは、無理な話です。平等になりたければ、守られる立場を捨てなくてはいけません。守られているかぎり、支配者に人生を左右されます。それでは、ずっと二流市民のままです。

新幹線のグリーン車の乗客の男女比は、だいたい「男9対女1」だそうです。しかもある推計によれば、1割しかいない女性の大半は、グリーン車料金を（あるいはすべての運賃を）男性に払ってもらっている人です。グリーン車に乗れるということだけをみれば、そこには経済的な優越性があります。しかし1割の女性たちは、**支配者の経済力があるから、たまたま優越性の高い場所にいるだけなのです。**

「平等でなくてもいいから、守ってほしい」と思う方がいるかもしれません。それは、いまの日本の経済状況を考えると、いい選択ではありません。

かつてアメリカで奴隷解放が進んだのは、経済状況の悪化が大きな要因でした。奴隷を雇っている余裕がなくなったのです。いまの日本も、女性が働かずにすむような経済状況ではありません。

年配の男性には意思決定できない問題

ダイバーシティにからんで、もう1点指摘したいのは年齢についてです。少子高齢化が進んだ日本は、世界でもっとも「老いた」国になりました。

次ページのグラフは、世界と一部の国の中位数年齢を示したものです。中位数年齢とは、全人口を年齢順に並べたときに、両端から数えて真ん中にあたる人の年齢です。

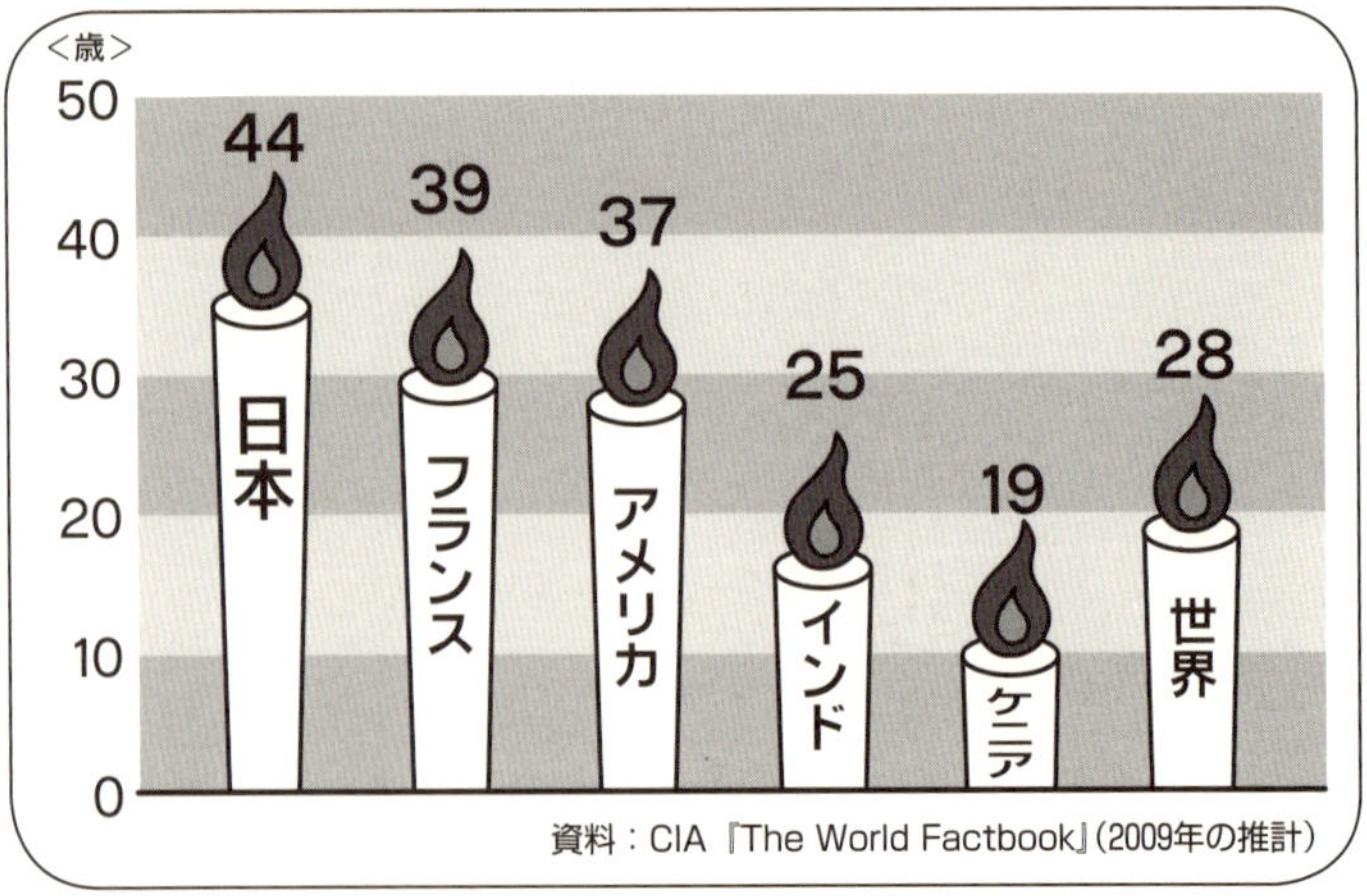

資料：CIA『The World Factbook』（2009年の推計）

世界各国の中位数年齢

たとえば人口１万１人の国があったとしたら、年上から（あるいは年下から）数えて５００１番目の人の年齢を指します。**世界の中位数年齢は約28歳。ところが日本は44歳です。**

　中位数年齢を下げるには、出生率を上げなくてはなりません。そのためには、長時間労働をやめなくてはなりません。そのためには、できるだけ多くの人を雇えるように、終身雇用をやめなくてはいけません。

　ところが、そこに大なたを振るうはずの政治家は、年配の男性がほとんどです。しかも、政治家や官僚は、いまだに長時間労働を愛する「労働一神教」の信者です。

　ここに日本の悪循環があります。**年配の男性だけが意思決定にかかわっていると、**

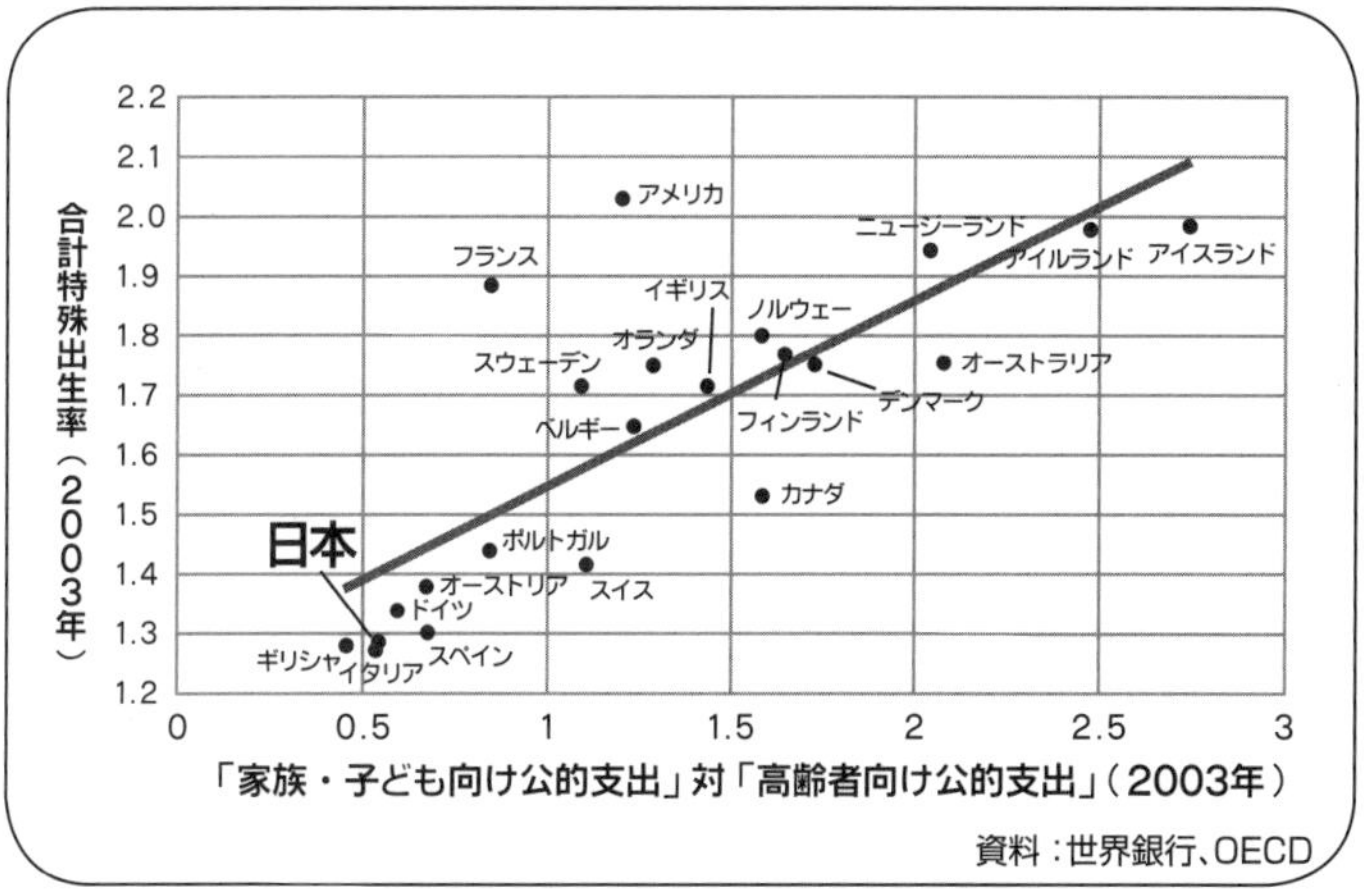

家族・子ども向け支出と高齢者向け支出の比と出生率の相関

とくに育児や家庭の問題に関する決定がしにくくなります。現実に何が問題なのかが把握できないからです。そうなると、問題解決が遅れます。

問題解決が遅れていることは、上のグラフからわかります。横軸には、家族・子ども向け公的支出と高齢者向け公的支出の比をとっています。この比率が、日本は0・5を少し超える程度です。子どもに使っているお金が、高齢者に使っているお金の半分しかないということです。

縦軸には合計特殊出生率をとっています。それぞれの国の家族・子ども向け支出と出生率の間に、相関関係があることがわかります。家族や子どもにお金を使っている国ほど、出生率が高いのです。

政治家が高齢だと、どうしても高齢者への公的支出が手厚くなります。その分、子どもへの支出が減ります。もっと女性や若者、あるいは外国人や障害者など、さまざまな人の多様な見方が社会に反映される仕組みをつくらなくてはいけません。

ダイバーシティのある社会は、それだけ強くなれます。企業でも、女性を活用しているところほど一般に業績がいいことが、研究で実証されています。外資系企業が管理職にダイバーシティ推進を義務づけているのはそのためです。たいていはダイバーシティを進めないと、人事上のペナルティがくる仕組みになっています。

同じような仕組みを、社会にもつくらなくてはいけません。

オバマ大統領を生んだ女性票

しかし、その間にも、社会によりダイバーシティをもたらすために、女性が声を上げていく手段はあります。まず、選挙です。

アメリカで2008年にバラク・オバマ大統領が当選したとき、大きな影響をおよぼしたのが女性の強い支持でした。

推計によれば、女性有権者のうちオバマに投票した人は56%、共和党のジョン・マケイン候補に入れた人は43%。じつに13ポイント差です。男性ではオバマ支持が49%とほぼ互角でした。**オバマの圧勝は女性が演出したのです。**

オバマはハーバード大学を出たエリートですが、ちゃんと苦労しています。アフリカ系で、両親が離婚していて、シカゴの貧困地区で社会活動をしていました。マイノリティの感覚を知っているところが、「最大のマイノリティ」である女性に訴えたのでしょう。

オバマの就任時には、アメリカだけでなく世界中で大フィーバーが起こりました。しかしその後、支持率は下降しています。オバマがその斬新な公約を実現できるかどうかという点にも、彼を支持した女性有権者は目を光らせているはずです。

日本では、女性が選挙を大きく左右したという例はあまり聞きません。女性票を集められる政治家も相変わらず見当たりません。「女性に人気がある」ということではなく、「マイノリティである女性のことがわかる」政治家がいないということです。

いま民主党も自民党もイマイチなのは、どちらも女性と若い世代の票の取り込みに完全に失敗しているからです。民主党はせっかく政権を握ったのに、中心にいるのは自民党と同じく年配の男性ばかりなので、すぐに新鮮味が薄れました。

民主党が政権を維持したいなら、女性か若い世代をトップに立てるべきです。そうすれば党のカラーが明確になり、選択肢がはっきりします。鳩山さんや小沢さんである必要はまったくないはずです。

前回の参議院選挙の東京選挙区で、私は候補者のマニフェストをみなくても、トップ当選者を予想できました。民主党の女性候補が勝つと思ったのです。そのとおりになりました。女性有権者が自動的にその候補に入れるだろうとわかったのです。

男性でも、女性のことが理解できる人なら、まだいいのです。そのときに「わが党は女性にやさしい政策をこんなに掲げています」と言う必要はありません。「女性が女性が」と言われると、逆に女性は乗っていけません。そうではなくて、「男性も女性も」と懐を広げて、自然に女性を取り込めばいいのです。

アメリカの民主党はそのあたりをわかっているので、２００８年大統領選挙の予備選では黒人男性と白人女性を戦わせました。どちらもマイノリティです。それが選挙戦に活力を生みました。

大統領選の本選挙で投票した有権者のうち、10人に１人がはじめて投票した人たちでした。そのほとんどが、若者とマイノリティでしたし、女性票はオバマを強く支持していました。マイノリティに理解をもち、ダイバーシティを体現するということは、それほど大きな力につながるのです。

女性を「さりげなく」取り込む

これは政治だけでなく、企業にも言えることです。

しばらく前まで携帯電話の色は、白、黒、赤、シルバーくらいしかありませんでした。私は携帯電話会社の関係者に、シェアを伸ばしたいなら、女性が手にとりやすい色を増やすべきだと、よく言っていました。

すると携帯電話会社の人は「女性向けですか、じゃあピンクですかね」と、すぐに言うのです。まったくわかっていません。白、黒、赤、シルバーという色しか認識しないのは、男性の感性なのです。しかしその後、1社が率先して色を増やし、他社も追随するようになりました。

企業が女性を取り込むのは、わりに簡単なはずなのです。そこに気づいた企業は、不況のなかでも業績を伸ばしています。

車もそうです。トヨタのヴィッツは色の選択肢をたくさん用意し、デザインも曲線を強調して、明らかに女性向けの発想でつくっています。

雑誌もいまはほとんどが部数を減らしていますが、少数ながら伸びているのは、女性読者の開拓に成功した雑誌です。女性誌ではなくて、もとは男性読者中心だったのですが、さりげなく工夫して女性も取り込んだ雑誌です。

ここでのポイントは「さりげなく」です。

政治でいえば、社民党は女性の問題に力を入れていますが、とくに女性の強い支持を得ているとは言えません。「女性のことを考えています」と言ってしまっているからでしょう。

雑誌も「働く女性向け」にしているところは、部数が伸びていません。「二流市民向け雑誌」みたいになってしまうからです。最近も、女性管理職にターゲットを絞って華々しくスタートした雑誌が、わずか数号で休刊になった例がありました。

そうではなく、さりげなく、自然に、女性にも関心のある記事を入れていくのです。そうすると、男性と女性の両方を取り込めます。

「女性のことを考えています」と言われると女性の居心地がよくないのは、その逆がないからです。「男性のことを考えています」とは誰も言いません。あまりに当たり前だからです。「女性のことを……」とわざわざ言うのは、「女性のことを考えない」ことのほうが当たり前だったからです。

これは女性が二流市民だということの証しです。「女性向け」のものに「あれ？」と思ったら、その違和感を大切にしましょう。そのうえで「女性として」ではなく、女性である自分の感覚を形にしていけばいいのです。投票でも、買い物でも、女性の声を反映させる方法はたくさんあります。

Chapter 10 日本活

もっと息のしやすい社会に

「日本活」の2大キーワードは、「お上性善説」と「ダイバーシティ」です。この2つを頭に置いておくと、いまの日本がかかえるたいていの問題は、その根っこがみえてきます。

私たちがまずやるべきなのは、日頃いかに「お上」に頼り、個人でリスクをとっていないかを知ることです。そのうえで、個々人が考え、自分で行動することです。

そうしていくうちに、日本がいかにダイバーシティを欠いた社会であるかがみえてくるでしょう。ダイバーシティの欠如はじつに手ごわい問題ですが、この章でみてきたように、1人ひとりにやれることは必ずあります。

こんな日本に愛想を尽かしてしまうのも、選択肢の1つでしょう。実際、多くの人が、問題解決のリスクが大きすぎることに疲れ果て、外国に移住したりしています。それができる人はそれでいいのだろうと思います。

しかし、もしこの日本で生きていこうと思うなら、立ち止まってはいられないはずです。

自分の住む社会なのです。自分たちの手で、もっと息のしやすい場所にしたくありませんか。

日本活とは

「お上性善説」を捨て、
ダイバーシティを増すために
行動すること。

おわりに

10の「○活」を読み終えて、あなたの頭のなかには、行動に踏み出すための「フック」がいくつできたでしょう？

「思ったほど多くはできなかった」という方もいるでしょう。その方は、いくつフックを見つけたのでしょうか？

もしフックが2つできていれば、それで十分です。私の場合、200ページちょっとの本なら、そのくらいが平均です。「たった2つ？」と思われるかもしれませんが、それまで考えたこともない視点を2つ拾えたら、それは価値のあることです。

2つでは物足りないと思う方は、もっといろんな本に目を通してみてください。もちろん、私の本でなくてもかまいません。

読書も習慣にすることが大切です。癖にしてしまえば、本を読むことも、読むべき本を見つけることも、格段に楽になります。

これは、社会を仕切っている男性たちにも言いたいことです。「情報源は会社とテレビだけ」という男性が多すぎるのです。

これでは視点が広がりません。会社の価値観は、たいてい画一的です。テレビは数千万人を相手にしていますから、マジョリティに受けるメッセージを送りがちです。せめて本を読んでほしいのです。そうしないと、マイノリティの価値観はわからないままです。最大のマイノリティである女性のこともわかりませんし、「ダイバーシティ（多様性）」のある意見も拾い上げられなくなります。

もちろん、女性もです。フック探しのために、もっともっと本を読んでください。

けれども、あなたがこの本でフックを2つ見つけたなら、それはぜひ大切にしてください。すぐに行動につなげましょう。

最初に書いたように、この本はPDCAサイクルの「P（計画）」の段階を補強するためのものです。そのあとの「D（実行）」「C（評価）」「A（改善）」の3段階は、あなたが実際にからだを動かさなくては進みません。

見つけたフックを使って、さっそく「P」の仕上げに入りましょう。それが終わったら、すぐに「D」です。

失敗を怖がってはいけません。失敗してもいいように、「C」の段階があるのです。

そこで修正を加えて、「A」に進みましょう。

ひととおり4段階を終えたら、また「P」に戻り、同じサイクルを繰り返します。らせんをぐるぐる上がっていく、人生の「スパイラルアップ」の始まりです。

最初にも書きましたが、女性には早いうちに、このサイクルに入ってほしいのです。できるだけ若いうちにスパイラルアップを始めて、日本の女性に根強く残る「二流市民」的メンタリティを捨ててしまうのです。

スパイラルアップが始まったばかりの頃は、「こんなに高く上がって、大丈夫だろうか」と思うかもしれません。でも、心配も遠慮も無用です。

あなたは、どこまでも高く上がってかまわないのです。心おきなく、ぐるぐるとスパイラルアップしていきましょう。


この本では、人生のさまざまな事象を、10の「○活」というくくりで考えてきました。人生は複雑なものですから、いくつかの「活」は別の「活」と密接につながっています。

たとえば「人活」は、「就活」や「婚活」でも非常に大切です。「住活」と「財活」もつながっていますし、そこには「エコ活」の一部もからんできます。「日本活」には、ほかの9つの「活」すべてがかかわることもあります。

「恋活」と「婚活」は、限りなくセットに近いものです。「恋活」については、さらに突っ込んで、1冊の本を書きたいと思っています。今回の本では「恋活」をできるだけ合理的に説明しましたが、恋愛はやはり奥が深いのです。

恋愛は熱病です。合理的な人間を、子孫を残すために非合理的にしてしまう病です。いくら失敗から学ぶ姿勢を保とうとしても、熱病にかかったら元も子もありません。恋愛至上主義者の私としては、そのあたりを掘り下げたいのです。恋愛に絞った本では、よりよい「恋活」のために、もっと深いフックを盛り込むつもりです。

もちろん人生には、この本で扱った10の「○活」だけでは、カバーできない分野もあります。

食事や健康については、合理的に解説する本がたくさん出ているので、今回はあえて大きく扱いませんでした。でも「食活」と「健康活」が大切であることは、言うまでもありません。ITやインターネットがこれだけ発達したいまは、正しい情報を効率的に入手するための「情報活」も必要です。

しかし私たちの人生には、用意しておいた「○活」では対処しにくい複雑な事態も起こります。実際にスパイラルアップが始まったら、それぞれの段階で解決すべき問題の難度も上がってきます。「こんなときは『何活』をすればいいの?」と迷うようなこともあるはずです。

そのときは、応用が必要です。あれとこれをくっつけて、オリジナルな「○活」をつくらなくてはいけないときがやってきます。

それが何活なのかは、私にもわかりません。きっとそれは、あなたが遭遇する問題によって、セルフメイドでつくらなくてはいけないものです。

11番目の「○活」をつくるのは、あなた自身なのです。

どうかこれからも、つながっていきましょう。

次にお会いするとき、あなたは何回目のＰＤＣＡサイクルにいるでしょうか?

勝間和代

２０１０年5月

［著者］

勝間　和代（かつま・かずよ）

1968年、東京生まれ。経済評論家、公認会計士。早稲田大学ファイナンスMBA、慶應義塾大学商学部卒業。当時、史上最年少の19歳で公認会計士２次試験に合格し、大学在学中から監査法人に勤務。アーサー・アンダーセン、チェース銀行、マッキンゼー、JPモルガン証券を経て独立。現在、株式会社監査と分析代表取締役、内閣府男女共同参画会議議員、中央大学ビジネススクール客員教授。

2005年、『ウォール・ストリート・ジャーナル』で「世界の最も注目すべき女性50人」に選出。2006年、「エイボン女性大賞」を史上最年少で受賞。2008年、「第１回ベストマザー賞（経済部門）」を受賞。2009年、「世界経済フォーラム（ダボス会議）Young Global Leaders」に選出。

著書に、『やればできる』（ダイヤモンド社）、『断る力』（文藝春秋）、『勝間和代のインディペンデントな生き方実践ガイド』（ディスカヴァー・トゥエンティワン）などがある。

Twitter（kazuyo_k）でも日本有数のフォロワー数があるほか、「勝間和代の人生戦略手帳」やBSジャパン「デキビジ」などを通じて、社会発信への実験を続けている。


【勝間和代公式サイト】http://www.katsumaweb.com/

女に生まれたら、コレを読め　～○活 必勝法～

2010年7月1日　初版第1刷発行

著　者――勝間和代

発行者――久保田榮一
発行所――株式会社扶桑社
〒105-8070　東京都港区海岸1-15-1
http://www.fusosha.co.jp
電話03-5403-8859（販売）
電話03-5403-8880（編集）

装丁――石間　淳
イラスト――上杉久代
写真――川上尚見
校正――丸山瑞穂
印刷・製本――大日本印刷株式会社
編集担当――小川亜矢子

　ISBN 978-4-594-06223-1